餐饮营销实战

王冬明◎著

電子工業出版社
Publishing House of Electronics Industry
北京 • BEIJING

内 容 简 介

营销是餐饮经营中一个永恒的话题。作为餐饮人，我们经常通过各种渠道进行学习，但为什么学来的很多营销知识自己无法使用？因为那些真正高效率、低成本、低风险、好落地的营销知识，绝大部分都被一些知名餐饮连锁企业内部的核心人员和餐饮企业老板掌握着，而他们不会轻易外传。本书通过对多个餐饮营销实战案例的分析，为餐饮创业者及餐饮连锁企业创始人讲述不一样的营销知识。本书共分7章，分别从营销基础知识、营销方式、营销体系、节日营销、营销实战语录等方面带领读者了解餐饮营销的真谛，从而真正学会那些不为人知的高效的营销知识和技巧。

图书在版编目（CIP）数据

餐饮营销实战 / 王冬明著. —北京：电子工业出版社，2021.5
ISBN 978-7-121-40739-0

Ⅰ. ①餐… Ⅱ. ①王… Ⅲ. ①饮食业－市场营销学 Ⅳ. ①F719.3

中国版本图书馆CIP数据核字（2021）第042355号

责任编辑：王小聪
印　　刷：三河市鑫金马印装有限公司
装　　订：三河市鑫金马印装有限公司
出版发行：电子工业出版社
　　　　　北京市海淀区万寿路173信箱　邮编 100036
开　　本：720×1000　1/16　印张：15　字数：198千字
版　　次：2021年5月第1版
印　　次：2021年5月第1次印刷
定　　价：58.00元

凡所购买电子工业出版社图书有缺损问题，请向购买书店调换。若书店售缺，请与本社发行部联系，联系及邮购电话：（010）88254888，88258888。

质量投诉请发邮件至 zlts@phei.com.cn，盗版侵权举报请发邮件至 dbqq@phei.com.cn。

本书咨询联系方式：（010）57565890，meidipub@phei.com.cn。

前　　言

我从事餐饮行业20多年，专注于研究餐饮行业的管理、产品标准化、加盟连锁、实战营销等。在阅读及学习了大量的资料后，我终于在实战中领悟到了餐饮营销的真谛，并将它运用到对连锁餐饮品牌的辅导中去。我经过20多年的不断摸索、反复论证、反复否定、反复优化和反复实践，最终有了一套独特的营销心得，现在整理成书，与各位朋友们分享。

我将通过这本书系统地讲解餐饮营销的核心技巧，并以几十个实战案例为基础，全面深度剖析营销落地的方法。

我经常这样说："当你学会了真正的营销技巧，你就拥有了一把可以在市场中拼杀的'快刀'。"你可以选择在激烈的餐饮市场竞争中将此营销技巧为己所用"以求自保"，也可以选择在他人生意惨淡之时"行侠仗义"，我不希望大家在利益的驱使下迷失自己的"初心"。

本书特色

1．用真实的案例带你学习营销，而不是被人"营销"

本书不仅仅是带你学习营销知识和技巧，更是让你不要被别人"营销"。实际上，大多数餐饮从业者并没有机会学到真正核心的营销知识和技巧，这也是全国的餐饮行业天天都在学习海底捞，但这么多年过去了，海底捞的成功依然没有被复制的原因。

为什么你没有学到真正核心的营销知识和技巧，这里存在两种可能性：第一，你学习的内容有可能早已过时。所有的营销知识和技巧都要与时俱进，要考虑天时、地利、人和等各方面的因素，就算不考虑时代进步这一因素，同样的一个营销活动，当面对不同年龄、不同地区、不同消费能力的顾客时，效果也会天差地别。第二，你所学到的营销案例有可能本身就不真实。再说明白一点，有可能你学习营销的过程，就是被别人“营销”的过程。

2. 营销技巧全部来源于实战及真实案例

本书的目的是使餐饮从业者学以致用，拒绝理论型营销及故事型营销。本书的内容全部来源于真实案例，其中大部分的营销案例都是我本人亲身经历或亲自策划并复制到其他品牌已经落地的，所以本书以落地技巧为主，方便大家使用。

3. 从营销基础知识开始，逐步涉及餐饮连锁经营技巧

本书不仅重视营销实战、落地等内容，还重视对营销基础知识的学习。所以本书从餐饮创业前的营销基础知识开始讲起，然后逐步涉及餐饮连锁经营技巧。除此以外，本书还深入解读国内外的一些知名餐饮品牌的营销知识和技巧，这些内容大多数是秘不外传的，可能我所讲的与你以往听到的、看到的及了解到的大为不同。

我们学习营销知识和技巧的目的是将其实施，从而快速赚取利润，实现自己的梦想，而不至于被其他人洗脑。当你阅读完此书之后，你将会对餐饮营销有一个全新的认识。

本书内容及体系结构

第 1 章　餐饮营销基础知识

本章采用实战案例的方式，讲述餐饮营销的目的、餐饮营销的 3 个层次及餐饮营销的误区，让读者在学习真正的营销技巧之前，先学会避免被别人“营销”，增强营销意识，这对于餐饮创业者及从业多年的餐饮人来说都具有重要的意义。

第 2 章　常规营销

本章通过多个实战营销案例，从服务营销、外卖营销、捕客引流营销、新店开业营销、价格营销、场景营销、菜单营销、菜品营销等 8 个方面入手讲述常规营销的落地技巧。

第 3 章　非常规营销

本章通过多个实战营销案例，让读者了解到那些大品牌是如何从战略角度思考及实施营销活动的，然后我再从互动营销、视觉价值感营销、附加值营销、内部营销、排队营销、标签营销、品牌营销及加盟营销等 8 个方面讲解非常规营销的实施及盈利模式。

第 4 章　互联网营销

本章通过多个实战营销案例，讲述了互联网是如何通过战略营销来实现 O2O 营销转化的，以及微信、抖音这两种最流行且易上手的线上营销工具是如何实现粉丝营销、热点营销与趣味营销、网红人物营销、网红菜品营销，从而紧跟时代潮流实现盈利的。

第 5 章　节日营销

本章首先对节日营销的基本策略及广告设计做了一个解读与说明，然后通过对 7 个法定节假日、4 个非法定节假日、10 个外来节日、3 个互联网节日和二十四节气的剖析，从节日背景、节日特点、营销技巧、菜品设置等方面，对节日营销进行解读。

第 6 章　餐饮连锁企业的营销体系

本章主要带大家了解一下麦当劳和肯德基（下文简称“麦肯”）的营销体系，从它们的品牌历史背景、营销核心及营销维度等细致解读其营销方式，阐述营销在其管理、培训及排班中的应用技巧。

第 7 章　营销实战语录

本章是对餐饮创业者及餐饮连锁企业创始人关于餐饮营销思维方面的忠告。此忠告是我 20 多年来从对几百家餐饮品牌的指导中获得的感悟，希望能对大家有所帮助。

本书读者对象

- 餐饮创业者及跨界投资人
- 餐饮连锁品牌创始人
- 餐饮连锁总部营销企划负责人
- 餐饮单店经理及负责人
- 餐饮营销及媒体垂直平台负责人

目　录

第 1 章 餐饮营销基础知识

餐饮行业是一个门槛较低的行业，所以从业人员很多，而且经营水平差别很大。不管是创业新手还是从事餐饮行业多年的圈内人士，只要从事这个行业，就不能忽视一个问题——餐饮营销。那么，什么是餐饮营销呢？怎么做餐饮营销呢？我们知道，学习餐饮营销知识不是一蹴而就的事，所以我们要循序渐进，先从基础知识学起。本章主要介绍了餐饮营销的基础知识，方便读者理解后面的内容。

本章的主要知识点：

（1）餐饮营销的目的

（2）餐饮营销的 3 个层次

（3）餐饮营销中两组易混淆的概念

（4）从事餐饮业的两个基本技能

（5）前置营销

（6）餐饮营销的误区

（7）5 种无效的营销方法及案例分析

（8）O2O 营销

1.1 餐饮营销的目的

餐饮营销做不好最大的原因就是为了营销而营销。切记：营销的目的只有一个，那就是盈利。如果我们的营销无法实现盈利，那么我们就不能称之为“营销”，最多称之为“没闲着”。

几乎所有的营销都是为了变现，不能变现的营销是“自嗨”。不过，能够变现的营销需要套路，而且套路要简单、直接，这样才能快速落地与节约成本。所以，套路中的那些不为人知的行业“内幕”，就成了很多大型餐饮连锁品牌秘不外传的核心技巧。我要通过这本书，将这些核心技巧传授给大家。

很多餐饮从业者或餐饮企业经常对餐厅或餐饮企业的管理进行优化，目的是把优质的菜品和服务提供给顾客，但这对餐饮营销来说远远不够。当把菜品和服务提供给顾客时，如果顾客所获得的价值感很低，那么商家所谓的“优化”只会增加它们的各项成本，导致利润变少。所以，我们要利用营销的方式给菜品增加价值感，从而获得所期望的利润。

餐饮营销是全方位的，它体现在用餐环境、服务质量、产品外观、菜单设置、价格设置、活动主题等方方面面。我们对营销的误解在于我们经常认为营销就是推出新菜品、打折促销、吸引顾客，但营销的本质并不是这些。

营销的本质是通过增强顾客的价值感，从而制造更多的利润空间。当我们把销售量、粉丝数或好评率设定为目标时，这些目标或许能够提升营业额，却不能对利润产生直接的影响，而如果将价值感设定为目标，那么营销就会变成创造价值感的过程。

有些营销方式太直接，比如打折、返优惠券、积分兑换等，一看到这些方式，顾客就知道商家的目的了，所以顾客很难被营销。所以，商家的营销在模式上一定要简单，要能快速变现，但在方法上则要深度隐藏。

营销的目的是将所有成本之外的附加值变现。所以，所有可以变现的地方都需要营销，而变现的渠道有两种：一种是省钱（节约成本），另一种是挣钱（增加营业额）。

那么，我们可以从哪些方面省钱或挣钱呢？我们可以从顾客、供应商、员工、房租、加盟费用、营销成本等方面下手。所以，营销是全方位的，在人事部、财务部、营运部、工程部、加盟拓展部等部门都可以通过营销实现省钱或挣钱的目的。有的部门既可以省钱，也可以挣钱。然而，很多餐饮企业一般只在产品营销上动脑筋，不去思考其他省钱或挣钱的方法，这也就失去了营销价值变现的可能性，这是很多餐饮企业营销效果不好的原因。

对营销知识的学习，我们要分为两步：第一步要学会避免被别人“营销”，做到“不该花的钱不花”；第二步要学会“营销”他人，把该挣的钱挣到。这样，利润就会通过营销的方式变现。

说实话，有很多人都在做无效营销。因为大家都在做，所以等于谁都没有做，其实，好的营销是有套路的。另外，很多营销都是无法直接或间接产生利润的，也就是我们所说的无法变现。这种情况造成了“光有人场，没有钱场”的不良局面，这种不良的局面则会使餐饮商家或企业人财两空。

1.2　餐饮营销的 3 个层次

餐饮营销的这 3 个层次，假如用一个恰当的比喻来说，有点像练习跆拳道的过程，不要总想着一上来就打倒对方，那样的话你还没出师，就有可能被别人打趴下。所以，练习跆拳道的第一步是学习如何挨打；第二步是学习如何躲避；第三步才是学习如何攻击对方。营销和跆拳道的练习方法有异曲同工之妙，下面我们就来具体了解一下。

1.2.1　第一个层次：不要自己“营销”自己

餐饮营销是一个永恒的话题，很多时候我们把失败的原因归咎于营销方式出了问题，其实造成营销失败的首要原因是我们被自己“营销”了，最后导致决策错误，也就注定了我们会失败。

下面我们通过两个案例来说明这个问题。

案例一：白领老板的自我深度营销

一个白领，从来没有干过餐饮行业，也不懂得如何做菜，他说他在网上看到了我写的关于餐饮营销的文章，颇受启发，现在他想创业，所以加我微信，想请我指点一二。

记得那天是一个午后，我们第一次见面，这是一个激情澎湃的男青年，他的开场白犹如机关枪一样：“您好，哥，我想咨询一下餐饮行业如何创业，我的菜品很好吃，有独家配方，味道独特，我给您大概介绍一下……”我没有打断他的话，他自己大概叙述了一个小时，恨不得把每个菜从采购、洗菜、做菜到上菜都说一遍，最后他还强调了一句，他的朋友试吃后，个个都说美味，他现在已经万事俱备，就差开门营业了。

当时，我只说了一个重点：“你的信心源于你对自家的菜品的认可，但我要提醒你一下，你对自己的‘营销’做得太多了，菜好不好吃，你说了不算，我说了不算，厨师说了不算，顾客说了也不算，只有顾客的钱包说了才算，不掏钱的认可都是‘耍流氓’，你的朋友试吃的时候掏钱了吗？他们可以哄你高兴，但你的顾客不会。如果你开店的理由只是因为你认为自己的菜品好吃，那我劝你趁早别趟这道浑水了。”最后他告诉我，房子已经租好了，他已经开始购买装修材料了，所以他虽然感谢我的建议，但还是想试一试。

大概过了半年时间，他给我打电话，说前天刚刚把店转让出去，原因是顾客觉得他的菜品味道怪怪的，尽管他已经做了很多调整或尝试，但顾客还是觉得有些怪味。后来他的店生意越来越差，从开业到倒闭的 6 个月时间，没有一个月是挣钱的，最后他实在扛不住了，只好关门，转让出去。通过这个故事我希望大家记住，这是 90% 餐饮创业者都会犯的错误——自己“营销”自己。

案例二：厨师老板的自我深度营销

大概 5 年前，有个厨师加我微信，他说他之前在一家高档餐厅当主厨。他最拿手的菜品就是米线，成本也就 15 元，在那个餐厅一碗米线卖 99 元，每天都会被卖光。后来，这个厨师决定自己开店卖米线。他之前也做好了充分的心理准备，考虑到了自己米线的口碑、食材、市场及日后经营的成本及装修等问题。尤其在营销方面他狠狠地下了一番功夫，还询问了顾客、亲人、朋友等，得到了大家的支持。

开店几个月后，一开始每天有三四十人来吃，他也询问了顾客的意见，所有人都对他的米线赞不绝口，但回头客越来越少，再后来每天只有三四个顾客来吃，这位厨师老板百思不得其解，于是找到了我。我说你把菜单和位置发给我吧。

我看到，20 元一碗的米线和那 99 元一碗的相比，价格确实非常亲民。我又看了一下他的地理位置，位于一个拆迁老城区和在建新城区之间，附近也有不少米线店。我又问他附近其他米线店的价格，这个厨师老板没有直接答复我，而是说，别人家的米线和他的没有可比性，因为不管是选材、制作还是底料，就连最简单的花椒他都必须去同仁堂采购。

后来在我的再三追问下，他终于说出了附近的情况：周边大概有 3 个米线店，价格在每碗 9~15 元。因为这里房租便宜，所以他觉得这边吃米线的人多，他还认为自己的米线比其他店的好吃得多，他开店后肯定能把对手打压下去。

我和他说之所以顾客很少，就是因为人们觉得他家的米线太贵。虽然别人家的米线确实没他家的好吃，但仅为了好吃，就要多花很多钱，这是附近的顾客所不能接受的。这里可不是他原来的高档餐厅，这里之所以米线店多，房租还便宜，就是因为受众群体的消费能力不高，所以只有便宜的米线才有生存空间。

但他最终还是接受不了降低食材成本这一方法，因为他知道这是自己最大的优势，所以他最终选择了结束门店的经营。

从上面的两个案例来看，餐饮创业者被自己“营销”是最大的失败诱因，他们在一个错误的方向上不断鼓励自己，并最终走上一条不归路。

我们知道，“好吃”一定不是餐饮创业者成功的最重要的原因，因为好吃是我们在开业前自我认为的。没有一个餐饮创业者会拿自己认为难吃的东西去卖，但什么才是“好吃”呢？每个餐饮创业者在创业之前，都会到处和别人说，我的菜品怎么怎么好吃，结果一开店，生意惨淡，很快就倒闭了。

国内有个知名的餐饮连锁品牌，拥有几百个加盟店。一次，我和这个品牌的总经理聊天，他问了我一个问题：我们每个季度都要为加盟店设计新菜，老板的要求是好吃，但我们该如何衡量好吃不好吃呢？

在餐饮行业，产品才是核心，而绝非菜品。菜品是指我们做出来的，而产品是指我们卖出去的菜品。从本质上来说，菜品做出来，如果无法售卖的话，那么餐厅就不会拥有令人满意的营业额。所以，我们要把精力放在产品上，而非菜品上。

餐饮创业，每年都会有很多人前赴后继，但大多数最后都“牺牲”了，这些人大都会犯一个原则性的错误——因为我的菜品好吃，所以肯定好卖，这就是 80% 餐饮创业者失败的原因。

1.2.2　第二个层次：不让自己被别人“营销”

营销是一种技能，我们不要总想着一下子就能学会营销，我们先要学会不被别人“营销”。如果无法看破别人对自己的“营销”，我们又怎么去“营销”别人呢？

案例一：品牌大佬的自述

一个知名品牌的老板私下和我聊天，他说：

“我的成功绝对是偶然的，但大家非要让我说出个所以然来，那我就说一说吧。其实一开始我也是误打误撞的，后来做大了才明白营销是怎么回事。

“外面的人编的我成功的理由比我自己编的都好，不过也不能说他们说的不对。虽然他们这么说是出于各种并非有利于我的目的，但毕竟也算替我提高知名度了，我又何苦去阻止呢？但我永远都不会告诉同行，我的成功是因为营销做得好，再加上运气好。

“王老师，我之所以和你说这些，只有一个原因，就是你懂营销，懂市场规律，所以我才说给你听，那些不懂营销和市场规律的人，也就不用知道了。”

这个案例告诉我们：很多成功的品牌，连它们自己都没想到自己会有今天，却被推上了“神坛”，并被大众自圆其说地将一切合理化，然后不停地开始顶礼膜拜。

案例二：用营销案例来营销

我曾给一个餐饮品牌做营销顾问，有一次这个老板给我看了网上新出的一个知名品牌的营销案例，问我如果效仿它的话，这个营销方案能不能落地。因为案例中那个营销方案最终的表现效果确实可观，但需要投入几十万元，所以本来已经开会通过了的事，老板却有些不放心，想听一听我的意见。

我简单看了一下这个方案，大概意思是采用了一种比较新颖的营销方式，一个月就卖出上万个套餐。文章虽然内容详尽，但逻辑上有不合理的地方，然而一般人不会注意到，只有方案落地后这些问题才会逐渐被发现。当时我就有了两种猜测：（1）解决不合理是这个营销方案的精髓，虽然它被分享出来了，但并不想被别人模仿，所以刻意隐藏并掩盖了其中的问题；（2）这个案例本身就是假的，故事结构和情节虽然完美，但毕竟只是个故事，所以有些不合理的地方，也不需要合理化，只要不太离谱就可以了。

紧接着，我说我要联系一个人，这个人就是这个知名品牌的营销总监。我们寒暄了几句之后我就问他，这个营销方案涉密吗？我想看看原始的方案是什么样的。对方很快发给了我，然后问我要干什么。我说我辅导的一个品牌想复制这个方案，但感觉其中有不合理的地方。

然后，对方很不好意思地和我说，这个营销方案是他一手策划的，相当失败。然而，他并不甘心就这么结束这个方案，于是他就把这个营销案例包装成了一个成功案例推向市场，用来“营销”同行，也算是“废物再利用”。

这个案例告诉我们：当你在学习营销知识的时候，有可能这个营销知识本身就是用来“营销”你的。

1.2.3 第三个层次：自己可以“营销”别人

成功的营销在于打破常规，大多数营销没有效果的原因，就是用得太久、用得太多、用得太滥，犹如魔术师变戏法，如果魔术师每次从帽子里变出来的都是兔子，那么顾客凭什么还要几十年如一日地为你鼓掌呢？

案例一：“傻子烧烤”的傻子营销

我曾经认识一个烧烤店老板，他只有一家店，然后托人找我当他的顾问。我很好奇地问他：“你就一家店，让我做顾问不嫌贵吗？”对方的回答却让我很意外，他说：“人家都说我傻，所以如果我想挣钱，就得找聪明人帮忙，要不怎么办呢，难道一辈子都打工吗？”

他的店是个路边街铺，在三线城市的一个大型居民区的后门，位置比较偏，知道的人不多，但来的客人基本上都能成为他的回头客。他做了不少宣传，还推出了 8 折优惠活动，但没什么效果。

这家店的烧烤味道不错，我在那里坐了 2 天，发现很多回头客一见面，话里话外都说老板傻，我听他们聊天，说这里经常不是多上了烤串，就是多找钱，但老板并不生气。

我就想到了一个方法：将计就计。反正老板能用的营销方法都用了，不如剑走偏锋，做一个标签营销——傻子营销：取消 8 折优惠，然后保证 80% 的桌上都会有因马虎大意上错的菜品，总价大概占顾客已点菜品价格的 15%~20%，而且，新顾客的桌上一定要故意多上错一些。顾客如果说上多了不要，服务员就拿走，顾客如果说多上的菜品他们要了，也愿意给钱，那就给顾客放在桌上，这样总体计算下来，等于打了 9 折。

其实这个营销方法我之前从没有用过，之所以冒险一试，纯粹是根据这个店面的位置、周边环境、现有顾客、毛利、顾客认知及菜品点击率来量身定制的。这个方案落地最大的难度就是老板的执行力，不过老板说了，故意多上菜，他肯定没问题。

我离开后大概 3 天，客流量就有明显的提升。不到一个月就成了当地远近闻名的“傻子烧烤”，好吃还有便宜占，谁不去谁才是傻子。现在，两年多过去了，他又开了六七家分店。

这个案例告诉我们：营销有时候就是这么简单，我经常说营销就是变魔术，出其不意是精髓，但现实中很多的出其不意都会被餐饮从业者的一个习惯打败，那就是“墨守成规”。

案例二：开业 3 个月就倒闭的火爆餐厅

很多年前，有一个餐馆老板告诉我，他开业头一个月的生意非常好，他很想和我分享这种喜悦，我也只好听着了。

据说，当时有位餐饮业的营销大师亲临现场，给了他一个“奇葩”的营销方案：开业头 10 天打 5 折，接下来 10 天打 6 折，再接下来 10 天打 7 折，再接下来 10 天打 8 折，再接下来 10 天打 9 折，直到恢复原价。开业的头一个月，他按这位大师说的去做，效果绝佳……

其实这个案例我之前在一篇文章中看到过，一看就是“鸡汤 +

砒霜”的套路。有人想出这种方法，我并不意外，但竟然有人真的在用，而且此方法还出自一位从来没有听说过的“营销大师”之手。

我当时就问了这个老板四个问题。

（1）我的第一个问题：“你开业有 3 个月了吗？”

老板的回答：“没有，刚刚 28 天。”

我的建议：餐厅开业头 3 个月，不管生意好与不好，其经营状况都不能作数。因为刚开始商家一般会有比较大的优惠力度，而且头一个月顾客会有新鲜感，把这两个因素叠加起来，虽然餐厅的生意看起来很好，但无法判断它未来的走向。营业额在开业 3 个月之后，其趋势才呈现理性，6 个月后才趋于稳定。直到那个时候才能看出一个餐厅是否有生存甚至盈利的能力。

（2）我的第二个问题：“你的纯利润占比是多少？”

老板的回答：“纯利润差不多是 20%。即使后期恢复了原价，20% 的纯利润，在这个行业中也是不错的了。而且，就这个纯利润来看，再过半年就可以开一家分店了，到时候我还想请那位营销大师继续帮我出主意呢。”

我的建议：开业到现在，生意越好，你的亏损就越大。头 10 天亏损 30%，中间 10 天亏损 20%，现在亏损 10%。当初，我让你预留 20% 的储备资金用来应对接下来 3 个月可能会遇到的风险，而现在你在一个月内将这笔钱作为营销费用全部支出了。那么，如今你需要考虑四点：

①如果餐厅中途出了事，没有储备资金，资金链断了，你打算去哪里借钱续命？据我所知，开店的钱，都是你借来的吧？

②第一次开店就倒闭的情况一半发生在开业后的第 3~9 个月，

而且开店的成功率只有 20%。你为什么认为你能打败那 80% 的更有钱、更有经验的餐厅老板呢?

③如果你开加盟店，也要让加盟商像你一样，拿着身家性命去赌吗？即使你能赌赢，他们就一定能赌赢吗？更何况现在输赢并未见分晓呢！

④那位营销大师我没见过，但你有没有问过他的这个营销方案是否在别处也用过？如果用过，你不去核实一下吗？

（3）我的第三个问题："顾客为什么来你的店里？"

老板的回答："优惠力度大、装修好、菜品好、服务好，而且餐厅位置也不错，顾客来了以后，体验感很好，以后都会成为我的回头客。而且后天 8 折，我就能保本了。再过 20 天恢复原价后，按现在的客流量计算，不到 6 个月我就能回本了，第一年大概可以赚几十万元的纯利润。"

我的建议：对于新开张的店，顾客来就餐一般会有两个常规的理由：一个是新鲜感，这种新鲜感能维持一个月吧；另一个是商家的折扣力度够大。与此同时会出现三类顾客：第一类是图新鲜，没有优惠也会来；第二类是图便宜，不关心装修、菜品和服务；而大多数顾客属于第三类，就是既图新鲜，又图便宜。那么，等你开业一个月后，新鲜感没了，价格力度越来越小了，你的上座率还能保持住吗？就算保持住了，一个月吃七八次，下个月他们还会这样吗？他们吃不烦吗？再说，你看看马路对面那家餐厅，开业后难道不会做优惠活动吗？你的顾客不会去那儿吗？所以，你凭什么保证你下个月的生意会和这个月的一样好呢？

（4）我的第四个问题："你现在挣钱了吗？你能保证以后肯定

挣钱吗？如果不挣钱怎么办？”

老板的回答：“没有，不能，没想过。”

我的建议：不要过早地下结论。试想，你前期把所有的资金都拿来做营销活动了，营业额一旦跌破你现在的60%，你的资金链就断了！很多营销方案都是“鸡汤+砒霜”的套路，所以说“奇葩”方案不一定就是好的营销方案，很多营销专家都是纸上谈兵，谁实施谁倒霉。

后来，由于我和他都比较忙，也没怎么联系。其间，我也想问问他近况如何，但想想也没必要。如果他做得好，他会继续相信那位营销大师，接着一把一把地赌，不会考虑我的建议。如果不幸被我言中，我想他也没有机会再请教我了。

直到一年后的一天，我记得很清楚，半夜12点，他给我发微信，问我有没有好的餐饮项目，想再投资一家。我便问他之前那个餐厅怎么样了，他说因为那件事，他一年时间都没有走出阴霾，餐厅在我走后一个半月就倒闭易主了。

当时，第二个月打8折，客流量就少了一半，打9折的时候，客流量基本上就没有了。最后，他又去找那位营销大师想办法，对方建议他再改回打7折，接下来就再也不出主意了，估计是怕这个餐厅老板跟他翻脸吧。

后来我又见过三四个这么干的人，不知是巧合还是必然，竟然都是全军覆没的结局。或许有成功的，但至少我没有见过。

这个案例告诉我们：餐饮业和其他行业不同，别的行业对大多数人来说有门槛，你若迈不过去，轻易入不了行。但餐饮业的门槛很低，一旦进来就很难全身而退，如果做不好的话，基本上都是倾家荡产的结局。

1.3　餐饮营销中两组易混淆的概念

在做餐饮企业顾问的时候，我经常会参加这些企业的周会及月会，总是看到虽然它们的报告和方案制订得十分详细，但无法落地。问题在于它们把这几个关键词弄混了，导致起点就是错的，所以不管过程中多么努力，最终结果都是毫无意义的。下面我们就来看一下这两组易混淆的概念。

1.3.1　人流量、客流量、顾客

因为我们经常把这三者弄混，所以在选址或营销的时候，会令我们做出错误的判断。我们经常会问：为什么人流量很大，人们却不进来就餐；又或者为什么别人家的生意那么好，我家的生意却不怎么好。

这其实与你的品牌和知名度关系不大，有可能是你错把“人流量”当成“客流量”了，更甚者把“人流量”当成“顾客”了，所以才会导致营业额与期望值差距很大。下面我们具体分析一下人流量、客流量、顾客之间的区别，以便更清楚、更准确地做好营销工作。

1. 人流量

人流量是指餐厅门前或商圈内的人数，这是一个很关键的指标，同时也很具有迷惑性。比如，一家西餐厅开在一个老旧小区内，虽然人流量大，但这些人根本没有消费需求或消费能力，所以那里的人流量就和

你的营业额没有关系。

2. 客流量

客流量是建立在人流量的基础上的，当你的餐厅门前或商圈内有足够大的人流量时，里面那些有消费需求的人就属于你的客流量，但不见得就是你的顾客，也许他们的消费喜好或消费能力与你的餐厅差异比较大，因此就会出现别人生意兴隆，而你却经营惨淡的情况。

3. 顾客

顾客是建立在客流量的基础上的，那些对你的餐厅有消费需求及消费能力的人，他们与你的餐厅匹配度很高。这些才是你在餐厅选址的时候，要着重评估的地方。

※ 总结

这三者中最重要的是顾客，而我们常常把人流量当顾客来评估餐厅位置的好坏。若混淆了这三个概念，就会出现开了业，生意清淡，餐厅门口虽人来人往，却没有顾客进来消费的情况。这三者虽有不同，但又有必然的联系，在评估餐厅位置时要谨记两点：（1）人流量 > 客流量 > 顾客；（2）甄别出顾客的数量（顾客才是最关键的指标）。

1.3.2 “营”销、“赢”销、“盈”销

我们在做营销活动的时候，经常发现虽然营销效果还不错，但利润增长不理想，营业额虽有明显的增长，但月底一算账，发现利润却下降了。这是因为我们把“营”销、“赢”销、“盈”销这三个概念搞混了，

有些读者可能没有听说过后面两个词汇，不理解它们的概念。下面我就来具体分析一下我对这三个概念的理解。

1.“营”销

“营”销是指在营运中销售，说白了就是我来卖菜品，买不买那是顾客的事，反正我把我卖东西这部分活儿干完了，至于顾客买不买，那就要静观其变了。这也是很多餐饮企业做“营”销做得焦头烂额的原因，它们只是把“营”销当作和擦桌子、扫地一样，知道一定要干，但也只是干了而已，没有设定预期的目标。

销售菜品的目标不是我把“营”销这个活儿干了，而是要设定具体的目标，这个目标可以是增加营业额，也可以不是，比如，将目标设定为增加桌均消费额、人均消费额、翻台率、会员数及提高品牌知名度等。如果我们把目标设定为增加营业额，那么就要考虑桌均消费额、人均消费额、翻台率这三个指标。“营”销的目标最好是其中之一，因为目标越明确，成功率就越高。

2.“赢”销

“赢”销是指通过营销手段或技巧达成非营利的目的，其主要目的就是赢。赢的可以是顾客的黏性，可以是品牌的美誉度，也可以是产品的销售量，这些会对营业额或利润的增加有所帮助，主要是为了间接或长期地促进利润的增长。虽然“赢”销在短期内不会对利润的增长有明显的帮助，但从长期来看却有不小的推动作用，这是很多想做成大品牌或连锁品牌的企业必修的一项内容。

3.“盈”销

“盈”销的目的就是快速地增加利润，不是“营”销，也不是“赢”销，而是短期盈利。换句话说,“盈”销就是短线获利。它与“赢”销是互补的，比如，制定季度菜单、应季菜品，以及特殊节假日的优惠、大幅度折扣的返利，目的就是实现短期快速盈利。

※ 总结

我们要知道，“营”销的基本技巧与目标设定要为长期的“赢”销做铺垫，也要为短期的“盈”销做支撑。长短配合，在长期盈利中获取短期快速利润。这里最难的就是要先把“营”销、“赢”销、“盈”销这三个概念分清楚，尤其是“营”销。如果搞不明白这个概念，就很可能干着“营”销的事，却想着“盈”销的结果，最终造成难堪的局面。

1.4 从事餐饮业的两个基本技能

营销目标的设定与基础数据的计算，是在做餐饮营销时要掌握的两个重要的基本技能。如果不能熟练地掌握这两个技能，在后面落地的过程中，你就会发现很难实现营销目标，或者所实现的目标与期望值有较大的差距。

1.4.1 11个营销目标

营销不能面面俱到，如果目标太多或者目标模糊不清，那么在营销落地时就不能达到预期效果，所以目标越明确，实施起来就越简单。但我们先要知道营销的目标有哪些。

增加客流量

即通过营销增加顾客消费人次，这里说的顾客消费人次既包括堂食的，也包括外卖的。不管商家采用什么手段来获取利润，最后都需要顾客来埋单。

增加利润

即在营业额不变的情况下，通过营销来影响顾客对于菜品的选择，即如何使顾客购买利润更高的菜品。如果这个营销做好了，你的营业额和餐位即使到了“天花板”，也不会妨碍你的利润增长。

比如，我们可以通过某些营销方式将一些利润高的菜品在顾客点餐时推荐给他们。这样就会在桌均消费额和菜品数量不变的情况下，额外获得 5%~15% 的利润。但要注意，菜品必须是搭配好的，否则你的利润营销会引起顾客的反感，这样就得不偿失了。

增加单均额

即在座位数、桌位数及翻台率不变的情况下，通过增加每桌的消费人数或消费总额，来提高总营业额。增加单均额最主要的手段就是在顾客点完菜之后，询问他们要不要加一个新出的特色菜，或顾客就餐一段时间后，询问他们菜品够不够。

要想增加单均额，最简单的方法就是，在餐厅装修时，合理安排座位和设置餐位，避免一个人坐两人桌，两个人坐四人桌等。桌面要大一些，器皿不要太大，否则没上几个菜，桌子就满了，这样会使顾客在潜意识中觉得自己点了很多菜，以致影响顾客的点菜数量和之后的加菜。

增加人均额

即在顾客消费人次不变的情况下，让每个顾客在不浪费的前提下多点菜品，以此提高总营业额。还有，也可以采用套餐的方式吸引顾客。

增加营业额

增加营业额的方法有很多，几乎所有的营销手段都会有助于营业额的增长，但也有更为简单的方法，比如在非高峰期增加特殊菜品、增加外卖的推广力度、适当延长营业时间等。

推销新品

新品营销容易被很多人误解，大家误认为新品营销是为营业额服务的，其实新品营销最重要的目的是增加顾客黏性，让顾客知道餐厅中有新品，促使他们积极且周期性地到店消费。

锁客

即把新顾客转化成老顾客，或增加老顾客的黏性，以此保证日营业额的稳定，以便更好地控制人工成本、食材成本、能源成本等。

提高知名度

即让更多的顾客知道品牌的产品、优势、位置、环境、服务、价格等信息。

提高捕捉率

即在商圈环境不变的情况下，把顾客从店外捕捉进来。

认同品牌

品牌营销的目的是让顾客认同品牌，它和知名度营销很容易混淆。品牌营销是知名度营销的一种升级，让顾客知道和认同品牌后，在选择同类、同质、同品的餐厅就餐时，会优先考虑来我们的餐厅就餐。同时，品牌营销不仅可以在招聘、租赁等方面产生不可估量的成本置换价值，还可以在融资、加盟及战略合作等方面置换可观的利润。这也是很多大品牌热衷于品牌营销的原因之一。

提高消费频次

即在老顾客（每季度到店次数大于 3 次的顾客）人数不变的情况下，增加顾客在周期（一般以月为单位）内到店就餐的频率，如一般节日营销、会员唤醒营销、新品通知等都是提高消费频次的方法及手段。

1.4.2　8 个计算公式

我们在做餐饮营销时，一定要了解自己现有的状况，以便有针对性地制订营销计划，所以我们要知道一些基本数据的计算方法。下面我们就来了解一下这 8 个基础数据的计算公式。

（1）营业额 = 人均消费量 × 客单价 × 翻台率

（2）利润 = 营业额 - 成本

（3）成本 = 人工成本 + 物料成本 + 管理成本 + 营销成本 + 能源成本 + 房租成本 + 装修摊销折旧

（4）人工成本 = 员工工资 + 招聘成本 + 培训成本 + 保险成本 + 福利成本（住宿费 + 员工餐 + 工服费等）

（5）营销成本 = 策划成本 + 物料成本 + 时间成本 + 执行管理成本 + 培训成本

（6）培训成本 = 被培训者的学习成本 + 培训者的辅导成本 + 管理者的监督成本

（7）学习成本 = 基础知识成本 + 技能学习成本 + 管理学习成本

（8）营销平衡成本 = 增长的营业额 × 利润 − 营销成本

1.5 前置营销

作为餐饮从业者，我们要知道什么时候开始营销最有效。其实，营销过程的开始比我们想象的要早得多，从选址开始，我们就要全方位地考虑营销了。还有，选址与开业前的这段时间，也是营销的黄金时间，这段时间直接决定了我们门店开业后的成败，这段时间的营销被称为“前置营销”，下面我们就来好好了解一下。

1.5.1 选址的技巧

我们一提到麦当劳和肯德基，就会想到它们的标准化管理如何好、如何完善、如何系统、如何专业。麦当劳和肯德基在进行门店选址时会遵循两个原则：

1. 选址成败看营销

麦当劳和肯德基认为，一家门店头 3 个月的营业额根本不能作为日后店铺经营好坏的依据，6 个月之后的营业额才可以，因为经过半年时间，经营状况就相对稳定了。一个没有能力的店长和一个有能力的店长，在新店开业 6 个月后对营业额的影响不会超过 20%，剩下 80% 的营业额则受营销左右。

2. 营销成败看基础

餐饮从业者常说的成功开店的秘诀：“选址、选址，还是选址。”虽然这话说得没有错，但很“害人”。因为开店的首要因素是营销基础，如果连营销基础都没有，那么开业后的营销就如空中楼阁毫无根基，后期若无大量的资金去支撑，再好的营销方案也无法落地。

那么，什么是营销基础呢？就是看得见→过得来→停得下→进得来。下面我们来逐一举例说明一下。

1）看得见

这是指让顾客在远处及近处能够看得到门店。很多餐厅更多考虑了内部空间及布局，却忽略了餐厅的外立面及门头。如果顾客经过时看不到你的门店，那么后期你就要花大量的费用去做推广。

比如一个餐厅有 300 平方米，那么它的外立面高度要大于 7 米才可以，否则顾客根本看不到。另外，门头一定要醒目。很多餐饮从业者在设计餐厅的时候，都会提前制作餐厅门头的效果图。有的设计师的设计图看似完美，可等到施工时，发现门头前不是有颗大树，就是有个天桥，要不就是一个绿化隔离带。所以，餐厅门头的效果图必须用实际照片贴图，而不是那种理想中的只有一家餐厅的效果图。

这是 2006 年的事了。有个新疆的加盟商，他想加盟一个北京的家常菜品牌，加盟费都交了，房子也找好了，就是迟迟没能签约，于是他找到我，让我帮忙解决一下。

在我去之前，那个加盟商说这个铺面有多么多么好：在当地一条最繁华的商业街的正中间，共三层，面积有800平方米，还有一个600平方米的停车场（算是这条商业街唯一一个有停车场的餐厅），上一家精装修的中餐厅，投资了120万元，经营5个月后就转让给他了，转让费才40万元，而且房租是周边餐厅的一半。这个铺面的条件看似很好，但很多租客都不敢入手，天天观望。为什么呢？因为这里两年内倒闭了5个中餐厅，很奇怪，甚至有传闻说这个铺面风水不好。说实话，从周边环境、现场照片、老板的描述来看，这都是一个上好的铺面，所以我感到很奇怪，后来不得已，只能亲自跑一趟去看看到底是怎么回事。

去的时候，我信心满满，结果到了那里，我也傻眼了，看了一天没有看出任何问题来。第二天我发现，这条商业街距离核心住宅区比较远，消费水平偏高，所以来这里就餐的90%以上的顾客都要开车过来。这条商业街的路宽12米，两边有1.2米的绿化隔离带，每隔5米还有一排高5米的树，导致对面行驶过来的车根本看不到这家餐厅的招牌。

由于这家餐厅有一个停车场，所以这条商业街的餐厅只有这家餐厅的外立面是凹进去的。这就造成了一个大问题，绿化隔离带使得对面的车根本看不到这个餐厅的外立面，而从辅路经过的车辆，也看不到这家餐厅的外立面和门头，顾客大多数又是开车过来的，所以就都去了前面的餐厅。由于这家餐厅的经营时间都不长，餐厅的知名度还没起来就倒闭了，所以就变成了“铁打的餐厅、流水的餐厅老板”。

后来，我问了这个加盟商三个问题：首先，停车场靠近马路的位置能否放置灯箱；其次，正对停车场的三棵树能否缠绕彩灯；最后，能否在停车场增加一名引导顾客的保安。这个加盟商说这些都没问题，都能立即实施。

这个加盟商随后就签下了这个商铺，并通过以上三个方法进行改善，结果餐厅头一个月的生意特别好，并且还在房租、转让费及配套停车场方面捡到了一个大大的便宜。

2）过得来

对于很多商家来说，“看得见”餐厅只是营销的第一步，第二步就是“过得来”的问题。我原来见过不少餐饮连锁企业的选址部、拓展部，还有自称专业的培训公司或顾问给出的一些专业的选址评估报告，看似分析得头头是道，数据一应俱全，但仔细分析后发现就连最基础的理论都不正确。

划分商圈，不是说让你在图上以餐厅为中心画三个圆圈（最小的叫一级商圈，中间的叫二级商圈，最大的叫三级商圈），以此开始算收益。

不管餐厅的位置及类别如何，商圈都不可能是标准的圆形，难道说商圈里的顾客都能过来吗？如果距离餐厅 0.5 公里有条河，却没有桥，那么顾客要划船过来吗？如果餐厅紧邻高速公路，难道顾客要开好几公里再掉头回来吗？如果不是这样，那这些圆圈你是画给谁看的呢？

一级商圈：以餐厅为核心，从大门口出发步行 15 分钟为一级商圈，因为 90% 步行来的顾客能接受的最长的步行距离就是 15 分钟的路程，如果再远就会考虑其他餐厅或者开车去就餐。

二级商圈：以餐厅为核心，从大门口出发步行 30 分钟为二级商圈，这是附近顾客经过的最大范围。如果超出这个范围，除非你是在核心商业区或核心商超，或者顾客的目标很明确，就是要来你家就餐，否则他们是不会来此就餐的。

三级商圈：以餐厅为核心，骑车（或电动车）15 分钟可以到达的范围为三级商圈，又叫配送商圈（外卖商圈）。因为下单 + 制作菜品 + 取餐 + 配送，顾客所能接受的总时间在 30~40 分钟，所以顾客也不会选择超出 15 分钟配送时间的餐厅。同时，配送距离也是各个第三方订餐平台推荐餐厅的一个核心指标。

2015 年，我给一个餐饮连锁品牌做营销顾问，这个品牌开了一家新店，要做营销，其中一项营销活动是发放宣传单。当时，拓展部、营运部及营销部一起制订了宣传单的发放计划，老板让我审核一下，我看了一下计划书，第一眼就看到了那个圆形的商圈图。图上有 7 个小区，每个小区 1000 份宣传单，开业头 7 天发完，我当时直接就推翻了这个方案，重新制订了新的方案。

首先，7 个小区里有 3 个是后门，而 3 个小区的后门还是封闭状态。然而从正门出发，绕过整个小区进入餐厅需要 25 分钟，所以发放宣传单的意义不大。集中发放 4 个从正门出发 15 分钟可以到店的小区会更加有效。

其次，发放宣传单要讲究地点和时间，早上 7 点在小区门口发放，晚上 6 点在交通枢纽地发放，根据早高峰及晚高峰潮汐集中发放。

最后，发放的起止日期为开业前 5 天及开业后 2 天，这样开业前人力资源可以得到充分利用。另外，宣传单的营销内容由新店 8 折促销改为对新店位置及两款大众价格爆款菜的介绍，其他的菜品保持全价。

3）停得下

选址的第三步，也是很多餐饮创业者经常忽略的问题，那就是“停得下”。换句话说，顾客来此就餐，你要让人家就餐方便，因此你要考虑你的顾客到达的方式，如开车、骑车、乘地铁、步行等。根据到达的方式，为顾客准备不同的停靠设施，如停车位、存车处。

开车到达：这种到达方式显然要有相应的停车位，很多老板就会说："没问题啊！我们对面就是停车场啊！"拜托！对面还有餐厅呢！人家是冲你来的，但下了车，没准儿就去你竞争对手那里吃饭了，谁让人家就在停车场边上呢！还有的老板说："我的餐厅在商场一层，地下有的是停车位，停好车后上来就是我家。"但停车费呢？你有没有和商场协商，凭小票免费停车 2 小时呢？没有的话，你就不要怪顾客去别的餐厅就餐了，毕竟多走两步，可以节省这笔停车费。

骑车到达：这种方式就要有相应的存放自行车或电动自行车的位置。地方不需要太大，但一定要紧邻餐厅门口，最好是顾客就餐时能够看得到，以便顾客放心。

乘地铁到达：通过这种方式到达的顾客一般都是流动顾客，属于通勤型或购物型顾客，就餐方便就是他们的诉求。所以，从外面看餐厅内部是否宽敞，有放置物品及快速落座的位置，是他们选择餐厅的首要标准。

步行到达：步行去就餐的人要找的餐厅一般处在办公区或商业区，人流量比较大，经常出现集中排队的现象。所以，门口有没有舒适的等位环境就成了顾客停下来的理由。我们脑补一下海底捞的大门口，是不是有所启发呢？如果有，那么你的餐厅门口是否有这样的公共区域，就变得尤为重要了。

有一家餐厅，马上就要开业了，但由于订货的问题，桌椅只来了70%。老板一直催供货商仍无法到货，于是问我要不要先开业，我告诉他几点：

首先，告诉供货商那剩余的30%的桌椅暂时不要发货了，因为这家餐厅开业前根本没有做营销活动，餐厅位置又不是很理想（租房后，装修了一半才找我当顾问），所以我预估头半个月的上座率不会超过50%，若桌椅都来了，空座率太高，顾客更不爱进来了。

其次，只摆放50%的桌椅，门口放桌椅的地方空出来，放上塑料凳子，作为顾客等位区。从外面往里看，没顾客的时候，等位区若有七八个顾客就能把门口堵上，给人一种店内爆满的印象。

最后，高峰期要有5个以上的顾客排队，当排队的顾客超过10个人时，餐厅就增加一个4人桌。

结果，通过这种方式餐厅的营业额迅速增长。15天后，桌椅全部到齐，上座率100%。时不时还有排队的现象，同时因为桌椅晚到了，以此为由，餐厅老板让供货商把20个塑料凳子的钱给减掉了，时间上严丝合缝，还得了实惠。

4）进得来

顾客就算到了我们的店门口，也还不是我们真正的顾客，我们应该称之为客流，只有客流进入后，才能称之为顾客。

顾客在大门口一般会用1~5秒来判断是否要进去，这时判断的关键要素就和门头有关了，我们下面来说说门头营销对顾客的影响。

我认识一个干快餐的老板，他要经营一个 200 多平方米的餐厅，竟然投资了将近 300 万元。一开始预计投资 100 万元，想要为顾客提供物超所值的产品，后来觉得“工欲善其事，必先利其器”，结果光买设备就花了 80 万元。我看了一下，都是进口设备。设备买好了，大厅不能不装饰啊，于是后来又增加了资金投入。

这些都做好了，觉得里面这么好，门头是脸面，怎么能将就呢，所以光门头装修就花了近 30 万元。结果生意一直不好，他问我为什么，我说顾客不来的原因在于你的门头太豪华了，顾客肯定想，餐厅的门头这么豪华，菜品的价格肯定很高，所以不敢进来。其实，顾客只想吃个快餐，你弄得这么豪华，他们觉得你肯定要坑死他们了，所以就敬而远之了。

1.5.2 前置营销的重要性

有经验的餐饮从业者在开设新店的时候都会在开业前 5 天开始营销，而新手则不懂这些，他们都是在开业之后才开始做营销的。商场如战场，门店早一天盈利，就早一天脱离危险，所以营销越早做越好。

当我说到营销要提前时，很多人会问我到底要多早。我的答案是“比你想到的时间要早得多”。最好从选址时就开始考虑营销的问题，那时大部分人想到的都是地理位置、房租和人流量，但其实这些都不是选址的重要因素。选址的重要因素在于前置营销。

大多数人都会认为，餐厅的开业会有两种方法：一种是大张旗鼓地开业，如推出各种活动、各种优惠，让大量的顾客集中光顾，迅速提高知名度；另一种是悄悄开业，一点一点增加客流量，慢慢养客，这样生意就会慢慢好起来。

这两种方法都可行，但就怕无论是大张旗鼓还是悄悄开业，过一段时间后，餐厅都会出现顾客寥寥无几的现象。

新店开业营销的一个核心技巧，就是开业前的营销：顾客接收营销信息需要一个周期，所以开业前的营销要在装修时，甚至装修前就要开始筹备、宣传。如果你的店还没有准备好，害怕会给顾客带来不好的就餐体验，那么开业时就不要大张旗鼓，要保持低调、顺其自然，但结果往往是还没等你做起来，你就已经撑不下去了。

那开业前什么时候开始营销呢？开业前 5 天开始营销？太晚了！开业前 15 天开始营销？太晚了！装修时就开始营销？太晚了！租房后就开始营销？还是太晚了！很多人会说：你别告诉我，租房前就要开始营销。还是太晚了！我来告诉你：想租房时，就要开始营销了。

营销分为几个阶段：想租房→租房前→租房→装修→试营业→营业

1）想租房

当你确立餐饮项目时，也就是当你设定“售卖什么、卖给谁、卖多少钱”时，你就要知道：餐厅设在什么位置、装修成什么样、面积多少、门口有多大、档次有多高等。只有清楚这些，你才能确定你的装修设计风格，包括 logo、餐厅风格、色调、材质等，这些都是营销的基础元素。

2）租房前

大家记住，这一步很关键，是重点中的重点，直接决定了你的餐厅会不会火。因为这一阶段的营销关乎你的成本，如果你的房租很高，营业额很低，那你就亏本了；如果房租很低，营业额很高，那你就赚钱了。

3）租房

很多人都跟我说进商场开餐厅有三个问题：第一个是不知道怎么进；

第二个是进了以后，不知道该提供什么资料；第三个是给了资料不让进。这就看你会不会与地产招商人员沟通了。

按流程来讲，首先你要看得上商场的商铺，商场也要看得上你的品牌，越好的商场就越挑剔品牌。所以，你要做的第一件事是互换信息，你要得到商场的招商简介，同时你也要准备一份关于自己品牌的简介，即使你开的是第一家店，即便你只有一个想法，也要以 PPT 的形式做一个品牌简介。而且，这份简介一定不要是纯文字形式的，这一点很重要，因为招商人员根本没有时间看你的“学术报告”。

你的品牌简介大概需要十几页的 PPT，里面包括产品介绍、价位、目标人群、装修风格（一张效果图，或网上找一个类似的）、品牌差异化、商铺条件等。这些流程走完后，你就可以进入现场看商铺并与招商人员沟通具体细节了。

首先，你要说明自己的目标人群和商场的主流客户有多匹配；其次，拿出自己品牌的亮点，证明你的稀缺性；最后，就是说明你的资金充足，哪怕是赔上一年，你也能扛得住。有些招商人员也知道你的这些想法无法实现，但他们希望你能租下商铺，他们也好完成招商任务，所以你说的他们都会当作真的上报给上级领导。关于细节，签合同时再具体调整。

如果你租的是商场，你要想办法以同等的价格拿到更优质的商铺。所以，你要有一个品牌简介，即使你目前没有店，也要把你的餐厅说成是一个优质项目。“包装”餐厅的时候，要了解商场的格调、招商进度、消费群体、进驻商场的其他品牌、商场需要但还没有进驻的品类等，让自己的项目成为商场“稀缺”的那个项目，这样你谈房租价格时肯定会有很大的优势。

如果你租的是街边商铺，你要着重强调你的租赁时间长，因为普通房东更在意年收益，他们就怕一个餐厅没干几个月就撑不下去了，一转让，中间的闲置期会造成房租损失。如果你的房租是 1 万元 / 月，那么一年就是 12 万元，你可以充分阐述自己餐厅的盈利能力，要表现出经营 3~5 年没问题的信心。然后，你就可以议价将月租降到 9000 元 / 月，这样你一年就能节省 1.2 万元。房东一想到店面不存在闲置期，也不会有什么损失，在这种情况下他们在租金上也会做出让步。

4）装修

装修是营销中很关键的一步，其中包括门头、外立面、大厅、厨房外观等位置的装修，很多人容易把门头和外立面弄混。什么是门头？就是你的招牌。招牌的作用是为了让店名醒目。外立面是什么？就是在更远的地方，看不清你的招牌时，通过大概的外观也能判断你这里是否有一家餐厅，或者你这里是一家怎样的餐厅。

这里所说的外立面效果，是指从玻璃外面望进去的视觉体验。如果是高档餐厅，从外立面一眼望进去应该是装饰墙；如果是快餐厅，从外立面一眼望进去就要明亮；如果是酒吧，从外立面一眼望进去就要昏暗一些且带有暗光；如果是咖啡厅，从外立面一眼望进去就应该看到舒适的座位及环境。

至于大厅，很多餐厅的设计风格参差不齐。我经常说，一个好的餐厅设计师要具备两个重要的素质：一个是少花钱还能效果好，另一个是懂得餐饮营销。但目前市场上很多餐厅用的设计师，大都只考虑审美，不考虑造价、营销效果及后期运营，站在大厅环视周围确实很完美，一往里看，乱七八糟的，钱没少花，一开业就显现出各种问题。

5）试营业

试营业期间的营销，不是引流、不是储值、不是锁客、不是卖菜，也不是服务体验。试营业期间的营销只做一件事，就是提高知名度，让你的顾客都能知道你。目标越简单，方案越容易落地。

6）营业

正式营业期间的营销，要吸引那些真正的顾客，并注重他们的价值感体验。比如，开业一段时间后更换厨师，就是一件很冒险的事情。因为不管厨师做得好不好吃，之前爱吃的顾客都留下来了，不爱吃的也都走了。即使现在味道变得更好了，老顾客也不可能马上接受，而那些本来就觉得难吃的顾客，也很难再给你机会了。所以，从营销的角度来看开业不久更换厨师是不可取的。

有些餐饮创业者开业一段时间后，因为觉得营业额大大不如预期，而添加各种新菜品，看到什么菜品好卖就卖什么。这样一来，顾客会觉得你这里的菜没有特色，于是就逐渐减少了光临的次数。也就是说，乱加菜品无异于饮鸩止渴。

1.5.3　开业前后的营销

调查范围：一级商圈、二级商圈、三级商圈

调查用时：7 天

调查人员：4 名专属人员

调查内容：常住人口的基本情况（包括人群结构、收入水平、消费水平）、竞争对手的情况、客流量、人流量、车流量

1. 营销策划

制作促销活动表，如表 1.1 所示。

表 1.1 促销活动表

项 目	促销方案		
促销形式	第一阶段	5 天	全场半价酬宾
	第二阶段	10 天	充值 1.5 倍返利

2. 宣传方式

（1）店外装饰：横幅、花篮、气球拱门、礼仪人员、海报、易拉宝。

（2）店内装饰：装饰品、海报、各种标牌及提示牌、易拉宝展架。

（3）宣传单直投。

（4）当地公众号、美食探店、大众点评、美团。

3. 营销执行控制与评估

（1）营运负责人协调和监督营销活动的各个环节。

（2）在营销活动的实施过程中，发现问题及时处理。

（3）营销活动结束后进行广告、促销效果评估。

4. 营销时间节点

（1）前期准备时间：提前 30 天。

（2）宣传预热时间：提前 10 天。

（3）活动实施时间：执行 15 天。

5. 宣传费用预算

（1）宣传单：人工发放宣传单，分区划片发放。

（2）店内易拉宝展架。

（3）店外宣传：门口设立气球 2 个、横幅 4 个、花篮若干个。

（4）活动执行表，如表 1.2 所示。

表 1.2　活动执行表

	时　间	工作安排	要　求	执行人
1	开业前 30 天	制订营销方案	完毕	
2	开业前 20 天	设计制作宣传单、海报、易拉宝、餐券	完毕	
3	开业前 15 天	设计制作餐券、等位卡、订餐卡	完毕	
4	开业前 10 天	配送宣传成品物料，发放餐券、等位卡、订餐卡	完毕	
5	开业前 7 天	发放宣传单	完毕	
6	开业前 5 天	开业典礼前期准备工作	开业前气球、横幅、花篮到位	
7	开业前 3 天	挂好店内标语，摆好台卡、水牌、装饰品	完毕	
8	开业后 30 天	实施、监控营销方案	持续	

1.6　餐饮营销的误区

至今已有几百个餐饮品牌创始人找过我，但这些品牌中我真正进行初步辅导的不到 400 个。我发现绝大多数餐饮创业者不是学不会营销，而是学习之后无法学以致用，越学越不成功。也就是说，学得越多越容易跑偏，最后不仅没有学会营销，自己反而被营销所害。

要想真正学会餐饮营销，我们要先梳理一下营销逻辑，然后才能具备营销思维的能力。否则一旦出现认知上的偏差，就会对所学的内容产生错误的理解。

1.6.1 一个典型的创业失败的案例

很多人在投资餐饮业时，充满了自信与激情，并且没有人会认为营销不重要。但很多人在创业初期，往往会被别人“营销”，甚至是自己“营销”自己，所以从一开始就注定了失败的结局。

前几年，有个从事其他行业的老板，想开个咖啡厅，于是他租了商场的一个铺面，价格都谈好了，准备当天下午去签租赁合同。我朋友的朋友让我帮忙去看看那个老板的商铺位置，其实我之所以去，完全出于人情。

我第一次见这个老板时就问了他一个问题：你为什么要开咖啡厅？对方有些迷茫，问我这和选址有什么关系。我说你可以不回答，但我怕你后悔干这一行。他和我说，虽然他不懂餐饮行业、不懂咖啡技术、不懂选址，但他懂营销，开业以后肯定能做好，3个月一定能回本。

我说那你把招商人员叫过来，我要和他谈谈营销的问题。这个老板很不屑地和我说，房租都谈好了，价格我很满意，下午就签约了。而且，营销方面的工作是租了商铺后和其他部门对接的，和招商人员谈没用。当时我觉得，虽然我要干的事和选址没关系，但考虑到是朋友让来帮忙的，我强忍不满给招商人员打了个电话。

我和招商人员聊了一个小时，内容主要是：

（1）降低房租。因为这个商铺位于次动线尾端，位置不太好，所以要减房租，对方同意了，一年可以省6万元。

（2）3个月的广告位不能收钱。因为招商人员拿下商户给予的优惠条件中包含初期广告位的支持，所以又省了 2 万元。

（3）延长免租期（25 天不够）。对于这个新商场来说，开业至少一年才有可能达到他们所宣传的人流的一半，所以第一批商户有可能血本无归，所以免租期从商场开业那天算起 45 天，而不是从签合同开始计算，里外里又省了 2 万元。

（4）配套设施要齐全。这个位置原来不是给餐饮商铺留的位置，所以水、电都没有，签了合同再接线进商铺要多花 3 万元。所以，商场要在咖啡厅入驻之前将水、电、排污、排风、消防设施都要弄好，我这又给他省了不止 3 万元。

老板在我边上听得一身冷汗，挂了电话我又问了老板一个问题：如果你真的懂营销，就不会被招商人员“营销”。所以，我建议你再想想下午要不要去签合同，毕竟你不懂餐饮行业、不懂咖啡技术、不懂选址，而且现在你对营销也应该有新的认知了吧。

这个老板再三考虑，最终放弃了开咖啡厅的想法，后来我们也成了好朋友。

看完这个案例，我总结了 3 个给餐饮创业者的建议：

（1）要想创业成功，先弄懂营销，再去研究菜品，你的成功率会增加很多。

（2）想要学会营销，不要先学如何“营销”别人，而是自己不要“营销”自己。

（3）不被别人“营销”，是学会营销的一个关键技能。

1.6.2 餐饮营销的 3 个原则与 9 个误区

我们要明白一个道理，干餐饮行业是一种投资行为，投资的最终目的是盈利，而餐厅是投资者盈利的一个载体，如果我们能明白这一点，我们的创业之路就会更加光明。

干餐饮行业，有些原则性错误不能犯，一旦犯了就没有翻身的机会了。你先看这 3 个原则，如果看完后你仍学不会，那么接着看完 9 个营销误区，你就会对营销有新的认知了。

原则一：顾客只花钱买他们认为好吃的东西，而不是你认为好吃的东西，谁花钱，谁有话语权。

原则二：顾客口中的好吃，指的是产品的综合感觉，如果你卖的是世界上最好吃的葱花饼，用料和做工都是一流的，但一张 100 元，顾客也会“感觉”难吃，看好了，是“感觉”，因为顾客会觉得你的葱花饼太贵，不值这个价。

原则三：餐饮营销犹如开车，即使你天天坐在副驾驶位置上看别人开车，也不代表有一天你摸到方向盘就会开车。

我们在创业的路上，很多时候面临的最大的风险就是没有风险意识，太过自信，对结果给予过高的期望，这些都有可能导致我们创业失败，但这并不代表我们就不能创业了。在了解了创业的 3 个原则后，再了解 9 个营销误区，就可以大大提高我们创业的成功率。

（1）起初，菜品很重要，但营销才是你生存下来的关键点。

（2）很多你认为靠谱的餐饮项目，都是“你认为的”，那些看似靠谱的想法，是你创业路上最大的“拦路虎”。

（3）顾客都是先看到，再购买，如果你只考虑样子是否好看，不考虑营销，那么你的回头客不足以帮你撑到你成功的那天。

（4）创业这件事基本上都是干着干着就黄了，起初满满的自信绝大多数都是通向失败的“指路明灯”。

（5）从创业的本质来看，绝大多数新手就是用来填坑的，只不过有自信的人先跳下去而已。

（6）注重菜品的人在做营销时，三句不离原料；注重营销的人在做产品时，三句不离粉丝。

（7）东西好吃、商铺位置好、资源一大把、考虑缜密、市场前景空前好等这些我们所想到的创业成功的优势，几乎每个餐饮创业者都能想到，但每年依旧有几十万个餐饮创业者失败。所以，最好还是冷静地想一想吧。

（8）创业梦、老板梦、发财梦，人人都有，但这些都取决于一个前提条件，那就是你的第一家门店是否盈利。

（9）很多餐饮创业者并没有独立运作过类似的项目，虽然他们也在时刻告诫自己，创业有风险，但还是会有将创业当作一份好工作的惯性思维。所以在预期上，他们都希望这份工作“钱多、活儿少、离家近”。

1.7　5 种无效的营销方法及案例分析

很多营销方法一直被某些餐饮品牌使用，虽然明知道没有效果或者效果不好，但它们还在常年使用。理由是：别人在用，所以我也要用；虽然效果差，但我目前没有更好的办法；不知道有没有效果，但大家都在用……我们现在就来分析一下，为什么很多营销方法都是无效的、不靠谱的。

1.7.1　5 种无效的营销方法

1）过时的营销方法

随着时代的发展及时间的推移，很多营销方法都会过时。比如，在报纸上登广告，主流顾客已经放弃了这种获取信息的媒介，所以还不如考虑选择新媒体平台。又比如，在路边发宣传单，主流顾客已经对这种营销方式麻木了，不愿意伸手去接，所以还不如考虑选择电梯广告。再比如，发放优惠券，主流顾客已经厌烦使用，所以还不如考虑选择抽奖互动的方式。

2）不对症的营销方法

虽然有些营销方法和手段其他品牌曾经用过且效果不错，甚至一直被同品类餐饮品牌使用，但一个营销方案和该品牌的产品、商圈、顾客特性、消费额、区域文化有着莫大的关系，拿来主义虽然简单，但经常药不对症，并不能帮助商家实现目标，反而将其搞得一团糟。

3）理论型的营销方法

我们在网上看到的某些营销方法，内容简单、效果奇特，被餐饮圈争相使用，但很少有人去探究其真实性。其实，我们看到的很多奇葩营销案例中有 80% 是根本无法落地的，这些案例之所以存在，只是为了赚取流量，或者被当作一些大的餐饮品牌放出来的“烟雾弹”，目的就是迷惑及引导竞争对手走向“不归路”。

4）拿来主义的营销方法

营销方案需要根据自己的实际情况制订，并且前期需要大量的调研、筹划、落地准备及营销预热等，很多餐饮创业者对拿来主义的营销方案并不真正了解，只知道一些皮毛，就直接拿来用，结果可想而知。

5）鸡汤式的营销方法

在以客流为王的人气营销理论中不乏一些“毒药”，其中“客流为王”就是致命的一条，餐饮业首先要考虑利润，而利润是与营业额相关的，而营业额又与客流量相关，所以当没有客流量的时候，利润绝对实现不了，即便有了客流量，也不代表商家可以实现利润。

1.7.2　案例分析

我觉得最有用的营销知识，只能从实战中获取。每年找我来做辅导的餐饮品牌有 200 多个，但我精力有限，真正深度辅导的只有几十个。下面我就讲几个记忆深刻的吧。

案例一：“取经”回家念

很多朋友来北京找我当面“取经”，但回去后并没有把“经”念好。2019 年年底，一个朋友看了我的一篇文章后，第二天就飞到了北京亲自找到我。因为他的项目正在筹备中，房租已经交完了，一见面他就和我分享了他的创业经历，信心爆棚，并邀请我去品尝他的看家菜，还向我展示了菜品照片。

分析：我直接拒绝了去品尝他家菜品的建议

（1）因为好不好吃，顾客的钱包说了算，我和他说了都不算。

（2）从照片来判断，味道肯定好，因为一看就是专业的设计人员做出来的效果。

（3）他对营销的理解，完全是从如何留住顾客的角度来考虑的，而不是从如何实现导流的角度。

结果：这位朋友虽然嘴上认同我的想法，但回去后还是按照他原来的想法去做了，因为他不擅长前期以导流的方式做营销，同时他也认为靠自己的方法能搞定。虽然营业额在前期慢慢稳定地上涨，最后他的店还是倒闭了，因为绝大多数的顾客没有勇气去尝试他的菜品。即使真的好吃，又有谁愿意承担尝试失败的风险呢？

案例二：我帮不了她，但救得了她

这是一个女士，我印象深刻，因为她是我今年收费最低的一个客户，产品不错、房租不高、投资成本控制得也不错，她和她老公做事也是兢兢业业的。

分析：选址错误，营销基础薄弱

（1）她的店所在的商圈位于众多小区中心，但位置在人流动线的盲区。换句话说，周围都是人，就是不从她家店门口过。

（2）店门口的营销工作没有做好，让一些仅有的顾客经过她家门店时，也无法下决心进店就餐。

（3）她所在的城市属于三线城市，依靠水晶批发集散生意带动就业，再以此带动地方消费。但由于该城市的经济战略调整，导致人们的消费能力下降，这对于整个餐饮业来说是雪上加霜。

结果：通过对营业额的分析，我认为他们翻身的机会不大，所以真的帮不了他们。但还是有救的，那就是赶紧转让，果断出“坑”。

案例三：没有帮到底，只帮了一半

这是一对姐妹，两个人虽然没干过餐饮业，但对餐饮业十分感兴趣，最后为了偷学厨艺，竟然开着豪车去给人家刷了一个月的盘子。

分析：营销资源被浪费，落地时出现了偏差

（1）二人对产品的痴迷源于对营销的自信，她们认为万事俱备，就差产品了，所以产品一到，便勇往直前，忽略了落地方案的可行性。

（2）选址初期，二人一直盲目地到处看房。当时，我对整个城市的核心商圈进行了实地调研，根据产品计算人均消费额，根据人均消费额计算营业额，根据营业额计算房租承受能力。所以我很快帮她们找到了商铺，并针对品牌特性，制订了营销计划，只可惜后期没有机会落地。

（3）前期的思维亮点很多，想通过商业计划书串联起来，但计划书中的很多内容没有针对商铺的具体情况进行落地优化，所以很多本可以绕开的弯路，又都走了一遍。

结果：从整体来看，这个项目还是有很大潜力的，但由于营销资源与亮点太多，脱离了计划，整个资源被无效营销浪费掉太多，它的优势反而成了最大的障碍。希望之后她们可以少走弯路，成为优秀的餐饮品牌创始人。

案例四：只要人靠谱，就值得一起干

这是两个合伙人，一个曾经自己开过餐厅，另一个正在给一

个大型餐饮连锁企业做高管，他们可以称得上是“黄金搭档”。从资源到人脉、从技术到设备、从经营模式到赢利链条，都是很不错的。

分析：完美组合下的隐性风险

（1）投资人起初是找我设计赢利链条的，这是一般投资人想不到的，所以他们思维逻辑上的优势很明显。

（2）两个合伙人从思维架构到具体细节都非常合拍，并且考虑周全。我们见面沟通了 8 个小时，对每一个细节的落地进行了推敲，最后发现了一些问题。如果直接落地，很可能会造成项目中途受阻。

（3）看似严谨的计划，采用闭合问答的方式沟通后，两个人对计划的细节开始产生分歧，最后通过循环梳理法，才完全解决了所有的隐性风险。

结果：起初，通过微信沟通，我认为我们根本没有合作的机会，因为他们做得已经很不错了，不需要我去辅导什么，但对方坚持让我来完善一些落地过程中的细节。在工作推进的过程中，他们还特意来北京找我，于是，我们对每个细节都进行了一遍又一遍的推敲，最终我主动用部分咨询费置换了他们的一些股份。这是我主动要求的，因为靠谱的人真的不好找啊！

案例五：采访课题的分享

前不久，有个报纸媒体的朋友电话采访我，问了我一个问题：如何看待和定义网红品牌？

我认为网红品牌就是对营销极度偏执的品牌，而很多老的餐饮品牌又对产品极度偏执。

分析：节目调侃上海网红糕点店

前两天看《今晚 80 后》，王自健说，上海有个网红糕点店，要排 7 个小时的队才能买到，他就问现场观众感觉怎么样。得到的答复是："难吃"。但王自健一语道破天机："排队买来的糕点谁要吃啊，我们就是来拍照片的。"我觉得不管怎样，这里都有两个不争的事实：

（1）对于网红店，大家都会贴上"炒作 + 难吃"的标签。

（2）网红店红得令人咋舌。

结果：不是社会不认老品牌了，而是时代变得"看脸谈心"了，你连"脸"都不洗，顾客都懒得看你，更别提谈什么"心"了；而对于网红品牌的"脸"，虽然顾客一时跟风喜欢看你，但这年头满大街都是网红，切莫靠"脸"生存。

希望大家能从以上 5 个案例中得到一些启发，今后我会继续以案例的方式阐述餐饮创业路上出现的一些问题。为了避免侵犯别人的隐私权，这 5 个案例我讲得都比较笼统，望各位读者理解。

1.8　O2O 营销

关于 O2O（Online To Offline），我相信大家如今已经很熟悉了，不用多讲，这里我着重强调两点：第一，O2O 是线上及线下的多次互动交易，所以，它既可以从线上到线下，也可以从线下到线上；第二，传统餐饮企业利用互联网方式进行营销，不能算是 O2O 营销。

目前市场上有很多“专业”人士在向餐饮企业兜售 O2O 营销方案，但这些方案基本上和十几年前卖保暖内衣是一个套路，即流行什么词，就喊什么词。比如，一件质地没有什么变化的保暖内衣，前年喊采用了太空技术、去年喊采用了纳米技术、今年喊采用了军工技术、明年喊采用了生物技术、后年就喊采用竹纤维技术。总之，采用的就是“喊喊就好卖”的套路。

1.8.1　线上销售是否会取代线下销售

关于标题中的这个问题，答案有两个：“是”和“否”，我先阐明我的观点，我认为是“否”。我来分析一下原因，举个线上销售最早的例子，那就是银行。1995 年，美国出现了第一个网络银行 SFNB（安全第一网络银行），到今天已经走过 20 多个年头了，我想大家应该也在广泛使用网络银行的各种线上功能，如电子转账、电子账单、电子银行业务申请等，但线下银行还是遍地开花，这是为什么呢？这里就出现了一个新的词——线下体验。关于线下体验，解释起来确实有些麻烦。

我举个简单的例子，如今免费的电子书横行，但纸制书仍然具有一席之地，原因何在，因为纸制书给予的那种阅读快感，是电子书无法替代的，这种触摸的感觉就是我们所谓的“体验”。

再说说餐饮业，当人们渐渐脱离生存需求以后，会越来越关注生活质量，于是就餐体验就变得尤为重要了，现在我们去餐厅就餐，菜品上桌，第一个“尝菜”的不是我们的嘴巴，而是微信的朋友圈。

1.8.2　O2O 营销的目标

O2O 营销有以下几个目标：

1. 更快捷地为顾客服务

看看是否提高了服务的速度，速度是为效率服务的，如果光有速度没有效率，那么你的网上订餐、订座服务也就别提了。

2. 降低运营成本

看看是否降低了企业的运营成本，获得了更多的利润，如果没有降低成本，也没有获得更多的利润，那就别提 O2O 营销了。

3. 提高传播效率

看看是否能在相同的时间内将品牌传播给更多的顾客，提升营业额，如果会员及顾客数量没有增加，如果只是传播速度变快，而顾客数量没有增加，那就别提 O2O 营销了。

4. 快速采集数据

看看你的数据是否收集得更多更快，并转化成制订营销方案的依据，如果数据只是从纸上转移到计算机上，那就别提 O2O 营销了。

5. 精准投放

看看你的线上营销信息是否全部被你的顾客接收到，如果你只是在网上铺天盖地地乱撒广告，或面对会员狂发电子优惠券的话，那也就别提 O2O 营销了。

只有同时实现以上 5 个目标，才能真正算是 O2O 营销。

1.8.3 O2O 营销的几个重要标志

O2O 营销有几个重要的标志，大家可以分别根据自己的情况判断一下自己是否进行了 O2O 营销。

（1）在线上终端下单。

（2）在线上终端下单后，线下到店体验。

（3）线上输入端必须掌握在客户手中，并且是线下销售之外的单独销售渠道。

（4）线下数据采集渠道必须掌握在企业手中，并且要支持线上销售。

关于 O2O 营销的认知误区：

（1）团购是 O2O 营销：因为团购降低的是企业利润，而且有些团购不会产生线下购买行为，让顾客坐在餐厅团购是团购最明显的一个瑕疵。

（2）收银软件是 O2O 营销：点菜宝、收银机、叫号机等，虽然利用了互联网的部分功能，但和 O2O 营销一点都不沾边。

（3）网络宣传是 O2O 营销：微博营销、企业微信营销、官网营销、短信营销、微信朋友圈营销等这些都不是 O2O 营销，只能算是借助互联网而将营销范畴延伸的一种手段。

中国的餐饮业在 20 世纪 90 年代，用了十几年时间走完了国外几十年的餐饮连锁发展之路，打破了 5000 年来“酒香不怕巷子深”的营销理念。其中使用的就是两种“C2C”模式：第一种是复制国外体系的 C2C（Copy To China），就是将国外品牌复制到中国；第二种是将国内成功的品牌在国内复制（Copy To Copy），就是复制国内的成功品牌。

可是，为什么现在这两种模式都难以成功了？因为第一种 C2C 模式已经升级，使得第二种模式成功的概率变得微乎其微。现在需要的是 C2C+ 模式，就是将成功品牌复制后进行差异化升级。

第2章 常规营销

常规营销因具有好上手、易落地、简单易学等特点而被人们广泛运用。所以，本章主要讲述9种常规的营销方法。为了更好地学习营销知识，我们从最简单的常规营销学起，并通过大量的案例分析，诠释营销的原理与技巧。

本章的主要知识点：

（1）服务营销

（2）外卖营销

（3）捕客引流营销

（4）新店开业营销

（5）价格营销

（6）场景营销

（7）菜单营销

（8）菜品营销

2.1 服务营销

我们通常将服务与营销分开来做。其实，服务也是营销的一种。在服务中悄悄地售卖高利润产品，并锁定顾客，提高回头率，其实这也是一种营销。下面我们就通过具体实战案例进行分析与学习。

2.1.1 服务中的三次针对性营销

餐饮从业者都知道服务很重要，大多数餐饮商家也都在不遗余力地提供更好、更优质、更有个性的服务。但这些服务大多与营销没多大关系，只是为了给顾客提供更好的用餐体验，使顾客能够再次光临。很多时候，服务员在给顾客服务时浪费了很多营销机会，如果服务员在本次服务中没有创造其他价值，那么他今天的服务就是失败的，因为顾客下次光临的理由，不只是因为商家的服务。

所以，我们要把创造价值的重点放在对此次顾客的服务过程中。下面我们就讲一讲服务中如何利用机会做三次针对性营销，为我们创造实实在在的利润。

首先是就餐前的信任度营销。它可以为利润营销做好铺垫。顾客进店点餐，是我们的第一次服务。这时，一般的服务员都会和顾客说一堆推荐菜品的理由，比如金牌菜品、原材料考究、味道好、有养生功效等，孰不知，说这些只会让顾客感到厌烦，好像不点服务员推荐的这些菜，就会得罪他一样，同时顾客也会想，服务员到底拿了多少提成，说这么一大堆理由非让点这些菜。

鉴于此，服务员这次服务的重点不是推菜，推菜是菜单、海报、桌卡等道具要实现的目的，服务员要做的是询问顾客的喜好，让顾客自己点，并时不时地提出他所点的菜品的缺点，毕竟作为商家，说自己家菜品的缺点比说优点要好，更容易让人信服，也能很快与顾客建立信任。

如果建立了信任，顾客就很容易接受你后面推荐的菜品，可是你要说哪些缺点呢？比如，顾客点了一个菜，你说“不好意思，先生，这个菜量比较大，您可能吃不完”；又比如“您好，女士，这个饮料虽然好喝，但属于冷饮，小孩喝多了，可能会闹肚子”；再比如“您真会点菜，这个菜不错，但已经有两个凉菜了，要不这个凉菜先不要点了，不够的话您叫我，我再给您加，好吗？”记住，不要让顾客一次把餐点完，那样加菜的可能性微乎其微。

其次是就餐中的利润营销。在第一次服务时与顾客建立信任后，在顾客就餐中途或菜品不够时（这个要在之前点餐时计算好，预留加菜的空间），你要主动推荐菜品，这时推荐利润高的菜品的成功率远远大于一进门就推荐，但要记住，最多推荐两道菜。若顾客拒绝，再换两道菜推荐，如果顾客还是拒绝，就不要再推荐了。

最后是就餐后的回头率营销。当顾客结账时，你要主动询问顾客的满意度，让顾客有种当上帝的感觉，同时赠送优惠券或代金券，顾客会觉得你的服务好。这样，就大大增加了二次消费的机会。

2.1.2　海底捞的服务营销

海底捞的服务是餐饮圈老生常谈的一个话题了，也是每年很多餐饮企业或商家争相学习的内容。但大家有没有发现，每年有很多餐饮企业或商家学习海底捞的营销模式，其中不乏一些比较大的餐饮品牌。然而，这么多年过去了，一提到服务好，大家首先想到的还是海底捞，是那些餐饮企业或商家学不会吗？还是说服务已经不是顾客的需求点了呢？其实都不是，是它们根本就不知道海底捞服务的精髓在哪里。

我认为，海底捞从来没有什么服务，只是做了看起来像服务的营销而已，下面我就具体分析一下。

由于海底捞的服务营销比较抽象，因此，我们一起分析一下，它的服务中有哪些是令人印象深刻的？就餐时的围裙、手机套、热情的聊天、扯面；卫生间的梳子、发胶、耳挖勺、皮筋、护手霜、眉毛夹；门口的免费棋牌、美甲、电脑、小吃、水果……其实它的服务是以“顾客动线”为核心设置的，顾客动线同时又衍生出另外两条动线：“营销动线”与“服务动线”。

以营销动线为例来说，顾客从到店→等待→进店→入座→点菜→上菜→用餐→结账→离店，要经历几十次营销的洗礼，但顾客可能根本没有察觉到，这就是海底捞服务营销的高明之处。由于篇幅问题，我只说一说“等待”中的营销，海底捞做的到底有多好。

（1）棋牌：因为等待总是煎熬的，所以为了弱化顾客的时间概念，海底捞就用棋牌这种需要注意力集中的游戏，让顾客忽略等待的时间，即使等了一小时，也会有种“欢乐的时光总是那么短暂”的感觉，这是一种留客技巧。

（2）美甲：即使我不说，大家也知道这是针对谁的，肯定是女性。火锅是 2 人以上就餐的品类，所以在就餐的顾客中，女性占了很大的比例。所以只要通过美甲把就餐的顾客中的女性死死地“绑”在凳子上，男性就是等到崩溃，也要一起等着。这是一种锁客技巧。

（3）电脑：海底捞通过美甲锁定了女性顾客，又通过棋牌拖住了成双成对的顾客，那么，对于那些单独出来吃饭的男性顾客，以及不喜欢美甲的女性顾客又该怎么办呢？那就让他们上网打游戏、看电视剧、查资料吧，免得他们产生孤独感和失落感。

（4）小吃、水果：这些东西的作用是让顾客“闭嘴”，因为等待时间比较长，心烦意乱容易让顾客产生不好的用餐体验。所以，小吃和水果的功能有两个：一是把顾客的嘴堵上，让他们少抱怨；二是嘴里有个东西嚼着，可以起到安慰的作用。

接着，我们再说说海底捞的服务营销中最“狠”的一个，就是免费的小吃和水果，不限量地随便吃。大家可能会想到两个问题：一是如果顾客吃这些小吃和水果吃饱了，那么进去就餐时，会不会降低人均消费额呢？二是顾客为什么来吃海底捞呢？因为他们想吃火锅了，如果等待时间太长，他们不想等了怎么办？肯定是去隔壁火锅店吃了。

海底捞给那些排队靠后的顾客免费发放小吃和水果，目的就是把他们的肚子塞饱，大家是不是很难理解这种做法？首先，大家不要担心那些小吃和水果会把顾客塞饱了，顾客进来用餐，点的菜再少，也比不进来的营业额要高。而且门口已经吃了那么多，顾客会产生非理性的愧疚感，所以会有意识地多点菜，来弥补这种愧疚感。其次，把顾客塞饱了，他们只能离开，虽然没有进入海底捞就餐，但也没去竞争对手的餐厅。

这还不算完，吃了小吃和水果离开的顾客心中会有“吃人嘴软，拿人手短”的愧疚感，下次如果出去就餐，出于这种心理，依然会优先选择海底捞。他们不但会继续来，还会认为“海底捞的服务简直太棒了”，其实心里想的是“上次白吃白喝人家的，这次不去就太不合适了”。

2.2 外卖营销

通常，外卖营销一般都采取打折的形式。商家本来想通过外卖来增加堂食以外的营业额及利润，结果却因为折扣太高而使得自己入不敷出。这是由于商家曲解了外卖营销的意义造成的，下面我们就通过具体实战案例来进行分析与学习。

2.2.1 外卖菜品的设置

如果我们的外卖营销做得很差，那可能是我们在做外卖时犯了一些致命的错误，而这些也是绝大多数餐饮商家犯的错误。接下来，我们就来了解一下这三个错误：

（1）有些菜品根本不适合做外卖，你却偏要上。为什么呢？你就是照搬了堂食的菜单。结果遭到顾客投诉，好评率下降，外卖平台的首页就见不到你了，这样一来你的门店在顾客眼里无形中就变得透明了。

（2）外卖菜品的分量和堂食菜品的分量一样，这样会导致外卖菜品的价格很高。

（3）外卖菜品的价格和堂食菜品的价格一样，最后一结算感觉你家的菜品太贵，不是下次不买了，就是这次也放弃了。如果你想避免流失客户，只能用打折的方式去迎合顾客，等顾客对价格十分满意了，你就会发现：除去配送费、包装费、平台费、食材成本、人工成本、能源成本，你已经赔钱了。

我们举一个例子来说明一下解决这个问题的方法。

首先，我们先来算一笔账。

堂食：土豆丝（10 元 / 份）+ 米饭（2 元 / 份）=12 元

外卖：土豆丝（10 元 / 份）+ 米饭（2 元 / 份）=10 元（一般平台要求商家至少打 8 折）

其次，我们来调整一下菜品的规格及价格，将堂食的菜单改为土豆丝盖饭，每份土豆丝盖饭卖 8 元。

堂食：土豆丝（10 元 / 份）+3 份米饭（6 元）=16 元

外卖：3 份土豆丝盖饭 =（1/3 土豆丝 +1 份米饭）×3=24 元

通过调整菜品的规格及价格，我们反而提高了总利润，即增加了 8 元。有人会说，菜量少了那么多，难道顾客看不出来吗？这里，我们要记住：

（1）外卖顾客和堂食顾客的要求是不一样的。

（2）外卖顾客对价格的敏感度远远高于堂食，而不是分量。

（3）外卖餐盒有很多种，你可以选择那种外观大、容量小的餐盒。

最后，我们还要为这盘土豆丝盖饭进行一次包装。

（1）除了土豆丝盖饭，再另加一个汤（单独做，应季就好，什么便宜配什么，什么汤都行）或一个凉菜（切菜的下脚料，虽品相不好，但一样好吃），这样，顾客拿到的就不只是一份盖饭，而是一份套餐。

（2）因增加了一个汤或凉菜，价格由原来的 8 元 / 份，变成了 10 元 / 份，这样顾客就会发现，原来堂食的 12 元的菜品，现在变成了 10 元，而且是套餐。

（3）菜名从“醋溜土豆丝”变成“醋溜土豆丝套餐”，然后再从“醋溜土豆丝套餐”变成“醋溜土豆丝商务套餐”，因为这些消费群体，一般都是上班族，中午饭也就凑合吃一口，“商务”两个字在点餐的时候，会满足他们那份小小的虚荣心。

所以，做外卖营销，首先要考虑的不是顾客会不会点你的外卖，而是你的外卖能不能赚钱；然后根据外卖顾客与堂食顾客的要求、消费能力、人群特征及平台点击习惯，来综合设置外卖的菜品。

2.2.2 外卖包装的设计

外卖现在是餐饮市场的一个重要组成部分，它的优点就不说了，缺点是无法提供服务及餐厅环境。外卖包装的差异化越来越明显，这使得越来越多的餐饮企业更加注重外卖包装的设计，甚至出现了本末倒置的趋势——过分注重包装，而忘了包装只是菜品的延伸。

我认为，外卖包装的设计要考虑三个要素：好看、成本低和实用。如果不能满足这三个要素，设计效果就不会令人满意。这里最怕的就是，为了拥有好看的外表，而付出高昂的包装成本，最后还忽略了实用性。这些虽然听起来有些夸张，但在糕点、西餐、咖啡、新式潮品的外卖包装上，比比皆是。

我曾经在北京的望京 SOHO 订过一份外卖早餐，价格只有 10 元，包装华丽得简直让人无法直视。在我看来，光包装成本就不止 10 元，最可怕的是，我竟然不知道该怎么打开包装，无奈最后只能用暴力撕开，扔掉包装，找了半天也没找到喝粥的勺子，结果在包装盒底部夹层里找到了勺子，据说这个包装盒的设计灵感源自苹果手机包装盒的设计理念。一个月后，我想再买一份早餐，想着把它的包装盒拍照作为反面教材来用，可是这家店已经倒闭了。

所以大家记住，设计外卖包装时，一定要将好看、成本低、实用三者兼顾。不但如此，这三者的重要程度也不同：成本低＞实用＞好看。

首先要考虑成本，否则你的外卖食品做得再好吃，你也会倒闭。如果你想将成本转嫁给顾客，那你就要考虑顾客会不会为此买账了。其次要考虑实用性，因为顾客的体验感不在拆包装盒的过程，而在就餐中。如果就餐时的体验感较差，那么你也只能赚这一单的钱了。最后要考虑的就是外观，在成本可接受的范围内，使用功能不受影响的情况下，再把你的外观设计做到极致。

那么，该如何实现三者兼顾呢？要想很好地控制包装成本和实用性，我建议大家去市场上找一些现有的令你满意的包装，因为那些在市场上流行的包装，说明它们已经得到了大多数餐饮商家及顾客的肯定，你也使用这样的包装不会有太大的问题。如果你对这些让你满意的包装进行再设计与组合，就能得到属于你的品牌特有的外卖包装了。

2.3　捕客引流营销

通常来说，我们为了捕捉客流，往往会采取各种各样的营销手段，这样不但成本高，而且局限性也很大。很多时候即使我们已经非常努力，客流仍被对手拦截了。所以我们要通过非常规手段，抢在对手前面捕捉顾客。下面我们就通过具体实战案例来进行分析与学习。

2.3.1　非视觉营销

俗话说“酒香不怕巷子深”，说的就是如果你的菜品好、服务好、环境好，再偏僻的地方，也会有顾客慕名而来。但随着社会的发展，餐饮行业竞争激烈，已经从“酒香不怕巷子深”变成“酒香也怕巷子深”了。

由于“三高一低（人工成本高、房租高、物料成本高、利润低）”的问题，大多数餐饮商家一般经营 3~6 个月若达不到盈亏平衡点，就会垮掉。所以，如何快速提升营业额是很多餐饮商家在开店的时候首先要考虑的问题。还有，很多位置不好的餐厅，本身就深处商圈巷子的位置（即不显眼的位置），所以如何营销就成了这些餐厅面临的最大的问题。大部分商家会采用打折及发放宣传单的方式去做推广，然而收效甚微。下面我就告诉大家几个非视觉营销的技巧。

首先，你要知道，当你的位置偏离核心商圈或人流主动线（绝大多数人经过的路线）时，你采用的常规营销方式（如发放宣传单或优惠打折）的效果是很不明显的。因为，那些位置比你好的商铺也在使用这些方法，他们会截留顾客，所以你的努力很难产生明显的效果。所以，你要在他们之前，让潜在顾客对你的门店感兴趣。

其次，你应该采取非视觉营销方法，来弥补你门店位置不好这个短板，具体方法有以下几种。

1. 声音营销

声音营销做得最好的我认为是“外婆家”，不管这个品牌在商场的哪个位置，它都可以通过声音让顾客知道商场里有这个品牌。很多商场都是采用一层到顶层中间挑空的设计，之所以这样设计，也是为了视觉舒适、采光好及引导人流，其实这种设计也为声音传播带来了有利的途径。比如，外婆家在四楼，你刚进一楼，就听到“×× 号，外婆喊你回家吃饭啦”。如果你中意这个品牌，那么它家就能从所有餐饮品牌中率先锁定你这个顾客，这种效果绝不逊色于商场外立面大型广告的视觉效果，而且成本极低。

2. 气味营销

1）臭豆腐的案例

我曾经在北京一个郊区的公交车站见过两家卖臭豆腐的，虽然这两家卖的东西一样，但其中一家的顾客围了里三层外三层，另外一家则没多少顾客。我就开始观察这两个卖臭豆腐的老板，发现生意好的那个，每次忙完一段时间，没什么顾客的时候，他就会推着车子在周边 10 多米处换个位置，没过一会儿就又聚集了不少顾客。后来我才搞明白，他总是把手推车推到公交车站的上风口，这样他家臭豆腐的味道就会比另外一家浓烈得多，顾客闻着谁家的臭，就觉得谁家的好吃，再加上他家摊前围的人多，顾客自然而然地就会选择他家的产品，这是一个典型的气味营销的案例。

2）重庆老火锅的案例

有一次我去外地办事，离得很远我便闻到一家火锅店的味道，为什么是闻到而不是看到呢？因为它的位置极其隐蔽，从我闻到它到见到它，足足走了 50 多米，其中还经过了好几家火锅店。在一个小路口拐弯的位置，我看到一个厨师正在门口调制底料，走到跟前，才发现原来是家火锅店，最后没能抵住诱惑，进店吃了一顿重庆老火锅，这是一个典型的利用气味引导顾客入店的案例。

3）炖肘子的案例

有一次我出去办事，时间临近中午，本来想办完事找个餐馆就餐，但我还没想好要吃什么，恰巧路过北京的一个老旧小区，一股香喷喷的肘子味道，让我的胃瞬间“崩溃”，此刻，我感觉自己饥饿难耐，于是闻着味道就走过去了。七拐八拐来到小区的一个犄角旮旯，结果看到一位老大爷在外面架了个大锅在卖炖肘子。等我再次“恢复意识”时，我已经站在大锅旁边啃了半斤肘子了，每次只要有朋友问我肘子好吃吗？我都会说：“你就到那个小区附近，往那儿一站，不用尝，闻一闻，你就知道多好吃了。”这也是一个典型的利用气味锁定顾客的营销案例。

4）面包店的案例

我的一个朋友开了一家面包店，他问我该怎么做营销。我去他家店的时候，正值他的门店装修收尾。当时装修工人在问烘焙机的出风口位置装在哪里，我当时就建议他，在门口招牌后做个出风口，然后装个排风扇。我让他每天上午只制作 80% 的产品，剩下的 20% 要在中午 12:00 及晚上 18:00 去制作，目的就是通过气味激发过往行人的购买欲望。我本来帮他制订了六七个营销方案，但最后都没用上，因为只用了这一个气味营销，就让他开业头一个月应接不暇。大部分老顾客第一次来，一进门都会说：“刚到你家门口就闻到味儿了，倍儿香，这是什么？给我来点儿！”

5）咖啡厅的案例

有一个咖啡师，他自己在一个高端写字楼的办公区开了一家咖啡厅，生意很差，托朋友找到我，让我帮他出出主意。当时我看了一下，他的咖啡厅位置一般、产品不错、价格也可以，生意不好的原因只有一个，就是附近的咖啡厅太多了，路两边有七八个咖啡厅。后来我就给他出了一个主意，把靠近门口的桌椅撤掉一个，把烘焙机搬到门口，这是为了体现他家咖啡厅的制作技术比别家的专业，毕竟这七八个咖啡厅中只有他家有这种烘焙机，还挺贵。即使放入一袋质量很次的咖啡豆，只要用这个烘焙机制作，咖啡的香味儿一会就出来了。

当天，他家的生意就有了明显的起色，半个月后，这位咖啡师跟我说，生意很不错，想再开一家分店，他说自己的产品得到了很多顾客的认同。当时我就问了他一句话：“你的咖啡自始至终都没变过，那为什么之前顾客那么少呢？如果这个问题你还没想明白，那再开分店是不是太冒险了。”

最后，我们总结一下非视觉营销的几个好处：

（1）弥补商家位置不佳的短板。

（2）不再受到商家外立面和商圈的限制。

（3）和其他营销策略比起来，成本相对较低。

（4）大部分餐饮商家还不会使用这种营销策略，所以这种无形的营销策略，很难被竞争对手理解并效仿。

2.3.2 视觉营销

所有的餐饮商家都知道门头和招牌的重要性，因为它们是吸引顾客最好的工具。但很多人并不知道，顾客在看门头和招牌的时候，不是站在那里看的，绝大多数情况是在移动中看的，然后一边看一边考虑要不要进店消费。所以我们可以采用由远到近、多次曝光的方法来吸引顾客，并使其有充分的准备时间及心理进店消费。

我们来讲一个案例，这是一个卖烤猪蹄的小吃品牌。

首先，它将档口或门店设置在人流量大的地方，因为人流量大的地方也是竞争对手云集的地方。

其次，它还通过由远到近的营销方法，分别设定了不同的营销目的：在距离摊位 10 米的位置摆放一个 1.5 米高的猪蹄模型，给顾客带来视觉冲击，引起顾客足够的关注度与好奇心，从而实现视觉营销；在距离摊位 3 米的位置摆放一个火焰壁炉装饰物作为柜台的外立面，让顾客知道刚才 10 米外的猪蹄是烤出来的，从而实现主题品类的营销；在距离摊位 1 米的位置可以直接看到烤架上正在制作的猪蹄，使顾客再次强化购买欲望，从而实现捕捉客流的目的；在距离摊位 0.5 米的位置可以看到收银机旁 9 个排列整齐的 1:1 的烤猪蹄仿真模型，让顾客在潜意识中产生购买的想法，从而实现提高人均消费额的营销目的。

这种视觉营销策略在档口可以如此应用，在街边店、商场店也可以如此应用，方法相同，只是呈现方式有所不同。这就是很多餐厅的招牌做得很大很高很亮的原因，还有的餐厅把明档厨房放在外层，让顾客从外面落地窗中就可以看到正在制作中的产品，其实这也是视觉营销技巧的应用。

2.4　新店开业营销

新店开业该如何营销是很多新老品牌都会面临的问题，它们一般都会采取开业剪彩、打折促销等方式。但我们要知道的是，新店开业的第一步不是让顾客进来，而是让顾客知道我们。如果顾客都不知道有我们的存在，那么我们的开业剪彩活动又能产生多大的作用呢？如果顾客都不知道有我们的存在，那么我们的打折促销活动又该如何开展呢？下面我们就通过具体实战案例来进行分析与学习。

2.4.1　利用围挡做营销

每年，我都会帮不少餐饮连锁企业或新的餐饮品牌的第一个门店进行商圈选址及营销策划。其中，有一半是商场店，而且情况各不相同，需要“对症下药”。所以，我们先了解一下商铺位置。商铺位置分为三种：街边、商场、办公楼配套餐饮区。这里，我主要讲一下商场店该如何利用围挡做营销。

商场店内部位置分为三种：地下餐饮层、一层对内餐饮层、三层以上餐饮层。

商场店外部位置分为两种：外部美食街、一层对外餐饮层。

商场的状态分为两种：未开业的新商场和已开业的老商场。

进驻品牌的知名度分为两种：知名度较高的品牌和知名度较低的品牌。

本节我们针对新老商场的大品牌和新品牌利用围挡进行营销的方法和技巧做详细说明。

1）新商场大品牌

新商场大品牌要考虑到商场还没有开业，所以你的品牌知名度再高，围挡再华丽，也不会被顾客看到。而等到商场开业的时候，你的围挡也会被拆除，顾客看到你拆除围挡后的门头，就会来你这里就餐。所以，围挡成本越低越好，你买最便宜的壁纸就行，直接往外立面的玻璃上一贴，等开业的时候，即使你不去撕，它们也掉得差不多了，省时、省力，还省钱。

2）老商场大品牌

老商场大品牌要考虑到商场已经开业，说明已经有一定的人流量了，如果你的品牌知名度比较高，那么顾客看到你的围挡后，捕捉率也会非常高。而且，因为品牌知名度高，所以对你这里的环境、服务、菜品、价格都比较熟悉，这时，你就不要放什么菜品及环境照片了，放置几个较大的 logo 图片比什么都强。

3）新商场新品牌

和新商场大品牌有些像，新商场新品牌同样要考虑到商场还没有开业，所以你的围挡再华丽，也不会被顾客看到。而且你又不是那种一开业，顾客一看你的招牌就能来的大品牌，因为你的知名度很低。所以，你的围挡要做得高大上，上面不要放品牌 logo 和店名，作用不大，放你的主打菜品及优惠活动。并且，一定不要做第一批开业的商家，要延后半个月或一个月开业。这样你的围挡很醒目，你一旦开业，这些围挡就要被拆除，像这样的大广告位，永远不会再有机会用到了。

4）老商场新品牌

老商场新品牌要考虑到商场已经开业，说明已经有一定的人流量了。如果你的品牌知名度比较低，那么当顾客看到你的围挡后捕捉率虽然高，但对你的环境、服务、菜品、价格都不熟悉。所以，放不放 logo 图片其实意义并不大，你要挑选一些样式好看的菜品做成菜牌墙，再挑选两三款主打菜做几天大幅度打折优惠活动来提前锁客引流，同时与商场协商开业日期，那样就能利用顾客关心的产品及价格提前锁定一批顾客。由于版面有限，围挡上的信息越少越好，除了菜品就是营销活动，其他的都不要放，否则顾客看到后会眼花缭乱。

2.4.2 博人眼球

餐厅在开业营销时，一般都会采用两种最常规的方式：一个是开业典礼，另一个是折扣活动。这两种方式比较常规，虽然效果显而易见，但由于所有餐饮业都是这么干的，长年累月，就使得顾客对这两种方式比较麻木，于是效果越来越差。除了这两种方式，还有没有其他更好的方式呢？我们下面就来聊聊这个话题。

我们要知道，开业营销的第一步，不是锁客，而是提高知名度。也就是要让顾客知道这个餐厅的存在，包括位置、名称、菜品、价位、环境等其他差异化的信息。开业时，我们首先要做的是让商圈内的顾客知道我们，所以我们就要采用博人眼球的营销方式。

不过，我们要注意，这种营销方式一定不能长期使用，要做到“短、平、快”。因为一旦时间过长，顾客就会厌烦，而且在成本不变的情况下，效果会越来越差，性价比也就越来越低。我认为这种营销方式的使用时间，短则 1 天，长则 7 天。

2.5 价格营销

在设置菜品价格的时候，商家一般会采用成本定价法及同行定价法来定价，很少有人会从顾客的角度去定价，我们要知道最终为菜品埋单的是顾客，不是商家。

所以，我们要利用顾客的惯性思维来设置菜品的价格。下面我们就通过具体实战案例来进行分析与学习。

2.5.1 利用惯性思维

在所有的营销中，顾客对价格营销是最敏感的。我们往往会把价格营销简单地认为就是打折促销，然而打折促销被滥用的结果就是商家赔了钱，顾客还不领情。所以，价格营销的本质是让顾客觉得产品优惠到足够吸引他们去消费。

我们先要理解一个概念，就是价格的优惠力度大小最终是由顾客来判定的。如果由顾客来判定，就会出现两种情况：一种是我们的价格足够优惠，但顾客并不领情；另一种是顾客认为我们的价格足够优惠，但实际上我们的优惠力度并没有那么大。要想出现第二种情况，我们就要利用顾客的惯性思维去引导顾客。

接下来，我们用麦当劳的实战案例来具体阐述如何利用顾客的惯性思维去引导顾客，实现低成本、高利润的价格营销。

案例一：第二个圆筒冰激凌半价

顾客的惯性思维：2 个圆筒冰激凌都是半价

实际价格：第一个 4 元 + 第二个 4 元 ×50%=6 元

分析：实际价格是 6 元，而顾客认为的价格是 4 元，二者相差 2 元

案例二：套餐更实惠

顾客的惯性思维：单个产品的价格相加如果是 30 元，然后打 8 折，那么价格是 24 元

实际价格：产品套餐中一定要有一个价格高、成本低的产品捆绑进去，这个产品的单独销量不高，卖套餐的目的就是提高产品总

金额

分析：捆绑一个价格高的产品（如饮料、甜点等），商家的最终利润与单点产品的利润相同，只是让顾客产生了打 8 折更便宜的错觉

案例三：9.9 元的定价

顾客的惯性思维：9.9 元是不到 10 元

实际价格：其实比 10 元只少了 0.1 元

分析：顾客在潜意识中会认为是少了 1 元，而实际上只少了 0.1 元。如果将产品分别定为 9.9 元和 10.1 元的话，顾客在潜意识会认为 9.9 元是不到 10 元，而 10.1 元则是 10 多元，顾客感知到的价格差异是 2 元以上

案例四：儿童套餐

顾客的惯性思维：买儿童套餐，就送玩具

实际价格：产品价格 + 玩具价格

分析：顾客会惯性地认为商家售卖的产品是自己掏钱购买的而赠送的玩具则是衍生品，是赠品，不用花钱

上述的 4 个价格营销的做法，就是利用了消费者的惯性思维，而这种做法在其他行业中更常见。比如，一包方便面卖 2 元，那么一袋(5 包）就会卖 10 元，那么把单包的价格涨到 2.5 元，那么 5 包袋装的方便面就很容易被卖出去。又比如，服装店会把应季的衣服按正常价格出售，然

后把一些过季或不太好看的衣服挂在应季新品旁边，价格不降反升，让顾客产生应季新品既漂亮又便宜的错觉。再比如，100 毫升的洗衣液为 12 元，每毫升价格为 0.12 元。那么，它们的小桶装和大桶装的价格都是 0.12 元 / 毫升，但顾客的潜意识就会认为大桶装的便宜，再加上商家会把小桶装和大桶装的容量搞得非常零碎，比如小桶装为 255 毫升，大桶装为 510 毫升，顾客因不好计算价格，最后只好买了大桶装。

我认为更好的营销方式是组合营销，所以大多数大企业在做价格营销时会在一个单品上运用几个差异化的营销策略，这种策略更加具有迷惑性。比如设置不同的容量，然后组合成套餐，最后搞个低折扣营销，基本上 99% 的顾客都会“中招”。

2.5.2 巧妙设计菜单

关于菜单的设计方法，我听过很多种，有的人讲解菜单设计方法时能讲两三天，有的甚至能出一本书。因为菜单是菜品营销的一个重要工具，而且我觉得菜单的设计方法非常多，这里我不想说那些深奥的，只说一个最有用的技巧：菜品价格设置。

因为顾客对菜品的价格最敏感，所以顾客进入餐厅后，如何通过菜单让他们觉得你的餐厅性价比高，这就直接决定了顾客的本次购买力及复购率。

首先，我们要了解顾客翻菜单的习惯，新顾客会从第一页匆匆翻到最后一页，再从最后一页匆匆翻到第一页，最后才会从第一页开始挑选菜品。那么，现在我要问：顾客匆匆翻的前两遍是干什么呢？有人会说：“顾客要先了解一下商家有什么菜品”；有人会说：“顾客先看看有没有自己爱吃的菜”；也有人会说：“顾客在看特色菜”。其实你问顾客本人，他也不知道自己在干什么，这属于心理学中的潜意识行为。

那么，顾客是如何在潜意识中评估一家餐厅的性价比的呢？那就是去看这家餐厅和别家餐厅都有的菜品，通俗来讲，就是大众菜。顾客有可能不会点这些菜，但他们会通过这些菜的价格做出自己认为的正确判断——这是顾客的一种认知方式，我们用好了，就会打败 80% 的同行。

其次，我们要在这些大众菜上做几件事，以便我们从同质同类的同行中脱颖而出，顾客潜意识地用这几个大众菜来暗示自己“他家的菜挺便宜，真实惠，可以多点一些，下次还能来”。

我们把部分点击率不高的大众菜的价格降低，低于市场平均价格的 20%，也就是说，别人卖 10 元，我们卖 8 元，然而分量也要跟着减少 20%，由于点击率不高，所以不用担心会赔本。

另外，我们把部分点击率较高的大众菜的价格也降低 20%，但分量不要减少。而且，这些菜不能太多，他们只是引流产品，每个类别最多 3 个，最好是 1 个或 2 个，否则你会赔本，而且这些菜太多，也会造成高利润的菜或特色菜的点击率下降。

最后，我们把特色菜的价格提升 20% 就可以了。顾客前面翻菜单，已经通过大众菜认定你家餐厅便宜。对于那些特色菜，顾客由于无法和其他餐厅做对比，因此就会被一起认为是便宜的。这就是利用顾客的惯性思维来实现引流、锁客、提高利润的营销方法。

2.6 场景营销

装修是我们在餐厅筹备过程中遇到的第一个问题，但我们往往会错误地认为，装修做得好，餐厅环境就好。于是，我们便有了这样的观点：餐厅环境的好坏，必须靠花钱来营造。但我告诉大家，场景营销成功与否，往往和装修花钱多少没有直接关系。下面我们就通过具体实战案例来进行分析与学习。

2.6.1 主题场景营销

很多餐饮商家都很注重就餐环境，而就餐环境除了家私、软装及配饰外，还有一项特别容易被忽略的环境元素，那就是“人”，这里的人指的是服务员。服务员的着装要与餐厅主题相得益彰，保持统一，才能让主题场景更加具有营销效果。

首先，我们要设立主题，然后根据主题设定风格，根据风格调整颜色，根据颜色定制搭配，这些都做完了，就是我们所谓的 CI 了，也就是餐厅的识别系统。CI 里面涉及主题的应用，而应用中就有一项内容，就是员工工服。工服的上衣、下装、配饰都要统一风格，同时还要注意着装者的发型及话术等，若这些都做好了，就可以给场景营销锦上添花了。

其次，我们要根据主题设定性别比例。如果餐厅以男性顾客为主，那么餐厅的女性服务员就要多一些。如果是文化主题，那么就要根据文化主题所代表的年代，配上相应年纪的服务员。如果是女仆咖啡厅，那么就要配上年轻的女性服务员。如果是老北京炸酱面馆，就要配上年龄偏大的男性服务员。如果是乡村主题的农家菜馆，就要配上年龄偏大的女性服务员。如果是高档餐厅，最好配上年轻的男性及女性服务员，而且身高最好高一些，体型偏瘦为最佳。总之，让顾客进入餐厅后，就要感受到浓浓的主题氛围，以便得到最佳体验感。

最后，除了餐厅服务员的着装、年龄、性别等要与餐厅风格相匹配，还要配上相应的问候语，以此更加清晰地传达餐厅的主题。如果是女仆咖啡厅，服务员就要对进门的顾客说："您好，主人，你来啦！"；如果是老北京炸酱面馆，服务员就要说："来了您哪，2 位客官里面请嘞！"；如果是乡村主题的农家菜馆，服务员就要说："大兄弟，来啦！里面自己找地儿去，啤酒先喝着！"；如果是高档餐厅，服务员就要说："您好，先生，请问您几位？有预订吗？"这就是问候语在不同主题下的应用，要让顾客感受到餐厅的主题风格，这才能体现主题场景营销的完整性。

2.6.2　影射式营销

很多商家在做营销的时候，虽然不惜下血本，但顾客对营销的敏感度越来越低。很多时候，营销的成本越大，顾客的敏感度反而越低，原因就在于商家的营销手法过于雷同。所以，一个成功的营销活动与我们花费多少成本，其实没有必然的联系，有的成本很低，但效果很好。之前，我见过一种"零成本"营销，这种营销方式叫影射式营销，即顾客看到谁家的"垃圾"多，就认为谁家的生意好，生意好，菜品味道自然不会差，那么选择这家就没有问题。这种营销方式就是利用顾客的思维漏洞来设置营销规则的。

在利用“垃圾”影射商家生意好时，我们要采用有说服力、直观、不脏、数量庞大的单一“垃圾”来呈现，这样效果才更好。下面我们就通过4个案例来了解一下这种营销技巧的具体操作方法，每个案例中商家都用了比较独特的“垃圾”来佐证自己家的生意好。

1）摔碗酒

关于摔碗酒的来历，我们这里就不讲了，它源于苗族一种特有的习俗。2018年1月，西安某条美食街的一家店铺推出了摔碗酒。游客买一碗当地产的米酒，喝完之后，豪气地摔在地上，这就是摔碗酒。摔碎的碗，商家从来都不清理，就堆在门口。最初，摔碗酒并不出名，有人把喝摔碗酒的过程及门口成堆的碎碗拍成视频，传到网上，得到了快速转发。许多游客看了这段视频后，纷纷赶来体验一把摔碗的豪情。于是，这家店铺的生意变得火爆起来，5元一碗的米酒，每天能卖几千碗，摔碗酒走红后，卖摔碗酒的店铺如雨后春笋般地在西安出现。游客慕名而来，排着长队“打卡”。“排队俩小时，只为摔个碗”，但不是所有商家都能赚得盆满钵满，主要还是看谁家门前摔的碗多，谁家就会有人排队，所以新商家在做这个活动前，一定要在门口，先摔上几百个碗，否则不会有顾客来捧场。新商家若不在这上面下功夫，恐怕永远也赶不上之前先做这种营销的商家了。

2）酒吧

有一次，我去长春考察餐饮市场，路过一条酒吧街，街道两边几乎所有的商家都是开酒吧的。当时是下午五六点左右，正是酒吧准备营业的时间，我看到服务员开始把酒瓶往门口窗户下的地上不规则地码放，就好像前一天顾客喝完还没来得及收拾的样子。后来，我与其中一个商家的一个调酒师聊天，他说这些都是营销手段，就是为了衬托酒吧的人气旺。所以，他们就把这些空酒瓶攒起来，每天营业前放在门口，以此招揽生意。我问他为什么每天要搬进搬出呢？他告诉我有三个原因：一是空酒瓶会被街道环卫工人当作垃圾清理掉；二是白天会有人来检查；三是会有同行来偷，毕竟新酒吧也需要这些空酒瓶。

3）西瓜地

前年夏天，我出京自驾游路过大兴西瓜地，想买几个西瓜路上吃。我们看到有一大片西瓜地，路边还有很多瓜农在摆摊，我们开了 5 分钟，看到 10 多个瓜摊。我们一车人正在商量买哪家的，突然开车的朋友和坐在副驾驶室的朋友一起喊："买他家的，买他家的！"我往窗外一看，有一个瓜摊前扔了好多西瓜皮。后来，我们一车人聊天，我问他们为什么就买这一家的呢？他们说因为就他家把西瓜皮扔到了摊前，非常壮观的一堆西瓜皮，而其他的瓜农，都将顾客吃完的西瓜皮扔到了田边，相比之下，我们就被这个瓜农"营销"了，不过他家的西瓜确实好吃。

4）烤羊肉串摊

有一次，我去天津帮一个品牌做商圈考察，这个品牌的店铺位置附近有一条小吃街，街上有几十个档口和摊位，里面都是各种各样的天津及全国的小吃，其中一个烤羊肉串的摊位前人特别多，后来走了眼前我才发现，他家摊位前有个涂料大桶，不到半米高，里面插了很多顾客吃完的签子，足足插了 1.5 米高，直径有 1 米多，甚是壮观。

很多顾客买完羊肉串，驻足不走，就是为了吃完也在上面插上一根，我很好奇商家是从何时开始用这些签子做营销的。于是我就走上前拔下一些，果然发现中间是个碗口粗的塑料管，外面裹着麻线，而最里面的签子中间是黑色（真正用过的签子，是两头黑，中间白，因为中间是肉，所以签子不会被烧黑），所以可以确定最里面的签子是假的。我很欣赏他们这种营销智慧，就连一个烤羊肉串的档口，都能动脑子去做视觉营销，他们不发财谁发财。

最后，我们来说一下影射式营销的关键点。我们要想利用“垃圾”影射商家生意好、影射菜品好吃这个思维，就要考虑如何将这些“垃圾”营造出宏伟的场面。总结起来就是“垃圾”数量一定要多，不是一大片，就是一大堆，否则，很难有明显的效果。

2.6.3 陈列式动线营销

餐厅的布局和排列要有一定的顺序，而这个顺序也是为了实现一定的目标。餐饮商家在装修时一般会根据需求来划分区域，然后由设计师根据区域特点来设计布局及风格，但有些设计师不会考虑动线的问题。即使考虑到了动线，也是出品动线，而不是顾客进入餐厅后的消费轨迹（进入→落座→点餐→结账→离开），更别提什么营销动线了。

下面我们就以星巴克的装修布局为例来阐述它是如何做到动线营销的。

首先，星巴克会在布局上，以收银台为核心，利用陈列、座椅来制造一个狭长通道，引导顾客贴着柜台的一侧排队。

其次，在顾客排队的路上，陈列相关的产品，按照利润从高到低，点击率从低到高，产品从半成品到成品的顺序排列，以此形成一条采购路线。很多大型服装品牌、游乐园、超市也大都采用这种方法。

最后，顾客经过的区域就会是：原料展示区→杯子展示区→蛋糕展示区（罐装饮料）→菜牌区→结账区→座位区，有些星巴克的营销动线因受到咖啡厅的面积及形状影响，不那么明显，但营销思路不变。

可以说，顾客在等待的过程中，就是一个购物的过程，利润越大、点击率越低的产品，越要离收银台远一点，为了让顾客有更多的时间观看及下决心购买。

2.6.4　潜意识营销

一次我和朋友谈事，到了一家咖啡厅，当时正值下午两三点，本想先互相寒暄两句，然后去点杯咖啡聊一聊，但就在我们彼此寒暄了两句之后，我们立刻决定换一家咖啡厅去谈。因为在那里我们感觉心烦意乱，总是静不下心来。实际上当时咖啡厅内有 80% 的座位都是空的，原因就在于这个咖啡厅的音乐很嘈杂。在谈话的时候，人的语速会随着耳边响起的音乐不知不觉地快起来，让人感觉浮躁，所以我们不得不另寻他处。

谈完事之后时间已到了晚饭点，我们到了一家西餐厅，朋友拿着菜单看了又看，最后合上说，我们换一家吧！我问为什么？朋友撇着嘴说："看看这生意淡的，菜肯定不好吃。"我环顾四周，其实还没到用餐高峰期，上座率已经达 80% 了，生意还算不错，但为什么我的朋友会有那种感觉呢？原来是餐厅的背景音乐让我们产生了错觉，让我们觉得四周静悄悄的，所以我们潜意识地觉得人少，但实际上这家西餐厅的价格不贵，环境也不错。

我们所说的背景音乐其实属于潜意识营销的范畴。很多人都说"酒香不怕巷子深"，为什么呢？因为人在可见范围内是受到环境、距离、意识及视觉影响的，而气味则可以突破视觉盲区进入人的潜意识，成为潜意识营销的一种方式。同样作为潜意识营销方式的背景音乐，则是用来调整节奏的，其应用范围更广，远远超过了"酒香"的作用。

1）给餐厅贴属性标签

顾客会通过视觉来判断这个餐厅，不管他看到的是餐厅环境还是菜品，这些都会成为他下次是否还来的主要考量因素。比如，菜品好不好吃、服务员态度好不好、环境舒不舒服等，这些都是能看得见的。

还有一些是顾客看不见的，顾客会根据标签来判定餐厅的属性。比如，他会通过其他顾客来判断：如果这里都是商务人士，而自己却是来约会的，那么显然他下回就要换个地方了；如果他想找一个小资主题的西餐厅，结果西餐厅里播放的却是大众流行歌曲，那么他潜意识地会认为自己走错地方了。

很多餐厅都有背景音乐，它们一般都播放什么曲子呢？一般情况下，餐厅播放的都是餐厅在场最高负责人喜欢的音乐。一家西餐厅，老板要在，有可能播放的是小提琴协奏曲；老板不在，前厅经理就有可能播放的是流行歌曲；如果老板、前厅经理都不在，那么可能什么曲风都有。

2）把控顾客就餐的速度

如果顾客比较多，商家希望提高翻台率，那就要想办法让顾客吃完赶紧离开。如果顾客比较少，商家希望顾客多待会，让外面的路人看到这里生意不错，以此进来围观和消费。不管是以上哪种情况，我们都不好直接去控制顾客的就餐速度，有的商家为了让顾客吃完赶紧离开，竟然把顾客桌子上的东西都收走了，还提醒这位顾客给其他顾客让位。商家若采用这种方法，简直就是在打自己的脸，会使顾客极为反感。

音乐则可以解决这个问题。如果我们希望顾客快速吃完离开，那么我们就可以播放一些节奏很快的背景音乐，顾客的潜意识会自动合拍，加快就餐速度；如果在低峰期我们想让顾客长时间逗留的话，就可以播放一些轻松舒缓的背景音乐，减慢就餐速度，提高顾客的舒适度。

3）营业时间提醒

顾客如何判断餐厅是否营业呢？我来告诉大家四点：第一，从外面看是否灯都开了；第二，进入后是否能听到音乐；第三，大厅是否有服务员；第四，厨师们是否在大厅吃饭。如果你的餐厅中午要休息，或者晚上要打烊了，告诉你一个好方法，提前十分钟把背景音乐的音量提高一倍，到时间后突然关闭，这样顾客就会下意识地认为哪里不对劲，有意识地自我解释，可能人家要打烊了，不能再这么耗下去了。

我经常看到一些有意思的现象。有一天下午我去吃饭，走到一家餐厅门口，抽了一根烟，中途来了不少人，但是到门口却都走了，正巧餐厅经理出来看到我，问我是否要吃饭，我说当然，随后我便进去了。大家知道为什么那些人到门口却都走了吗？因为他们以为这个餐厅中午休息。主要原因是餐厅门口有个厨师正在吃饭，我心想：这个厨师的一碗饭至少“吃跑”了七八个顾客。

4）活动内容指引

背景音乐可以增强活动现场的效果，比如结婚、丧事、领奖的背景音乐截然不同。我想不用我说，大家都能理解。自己脑补一下，这三个场合如果互换背景音乐会是什么样的效果？还有我们看电影，科幻片、喜剧片、恐怖片、动作片的背景音乐也都不一样，有时片头音乐一响起，我们就知道是什么样的电影了。餐饮品牌中对背景音乐的应用比较不错的是麦当劳、肯德基和外婆家。

2.6.5　背景音乐营销

我们都知道背景音乐对餐厅环境的影响不小，所以我们要根据不同的餐厅风格选择适合餐厅的背景音乐。以下是使用背景音乐的几个小技巧：

1. 背景音乐要符合餐厅的主题

不要再出现在西餐厅播放广场舞曲、快餐店播放钢琴曲、咖啡厅播放迪斯科舞曲的情况了。

1）西餐厅

餐期：快节奏的英文流行音乐（欧洲或北美的）

非餐期：舒缓的钢琴曲或小提琴（无歌词的）

2）烧烤店

餐期：国内流行音乐（避免摇滚乐和金属乐）

非餐期：节奏缓慢的校园音乐（声音不要太大）

3）中式正餐

餐期：国内或国外民族音乐（最好是经典的，不要赶潮流 ）

非餐期：古筝或民族音乐（舒缓、无歌词的最好）

4）咖啡厅

餐期：欧美流行音乐（节奏稍快就好）

非餐期：法式轻音乐或美式乡村音乐

5）自助餐厅

餐期：快节奏的民族或流行音乐（声音要大一些，高过谈话声）

非餐期：不要播放音乐

2. 播放音乐要分时段

20 多年前，在 VCD 还属于潮品的时候，麦当劳、肯德基、必胜客用的都是三碟连放的 DVD，一天 3 张，一周 21 张。每天几点到几点，该播放哪张，都是根据预估的营业额来安排的。

3. 尽量不要有歌词

在音乐领域，谱曲和写词是分开进行的。歌词的针对性很窄，这个跟文化、喜好、年龄、品味有关，所以如果你播放的音乐歌词不恰当，会影响餐厅的氛围，进而影响客流量。所以，不要播放带有歌词的背景音乐。

4. 分区设置音乐和音量

曾经有个老板说，他餐厅的音乐是专业级的。但我观察了一下，我认为他也就是个土豪。因为他并不知道应该分区设置音乐和音量。如果不知道怎么分区设置音乐，至少应把音量调节一下。大厅的顾客听不到音乐，包间的顾客觉得吵闹，这都是不恰当的设置。

5. 设置标准音量

很多人都在问我这个问题，甚至有人问我音乐要开到多少分贝。我告诉大家一个简单的设置标准：你在餐厅的任意位置，双方距离 1~1.5 米，说话互相能听清楚，但也可以听到背景音乐就刚好。剩下的就要根据使用目的和区域来调整了。

2.7 菜单营销

菜单是餐饮营销中一个很重要的道具，因为菜单里的学问实在太多了，这里我就不详细讲了。这里，我仅以单个产品的规格设置及菜单设计为例，揭开菜单营销的冰山一角。下面我们就通过具体实战案例来进行分析与学习。

2.7.1 给出中间选项

商家为了满足顾客的不同需求，设置了不少规格，最明显的就是饮料类。水吧或咖啡厅的饮料都有大杯、中杯、小杯之分，为了提高利润，商家都想推销大杯的饮料。因为大杯的饮料虽然没有比中杯、小杯的多多少，食材成本差异不大，但三种规格的人工、房租、能源等成本完全一样，换句话说，顾客点的饮料杯子越大，商家的利润就越高。

星巴克发现，不管如何推荐，中国的顾客 95% 还是会选择中杯咖啡，于是星巴克便采用惯性思维彻底解决了大杯咖啡的销售问题，下面我们就来具体分析一下这种营销模式。

首先，星巴克分析了在中国很难卖出大杯咖啡的原因。第一个原因是中国人对于咖啡没有刚性需求，而是为了解渴或者以使用咖啡厅桌椅为目的，所以大杯显然没有必要；第二个原因是最为重要的，中华五千年文化传承，遵循中庸之道，在无法选择或不知如何选择的时候，就会默认中间选项。基于以上两个中国特色的原因，所以中杯就成为多数国人的不二之选，而且中国人“根深蒂固”的思维，让星巴克的营销策略无法施展。

其次，既然知道了原因，就要想办法去解决这个问题，于是星巴克利用这种惯性思维，让大杯作为中间的那个选项存在。所以，星巴克取消了小杯，增加了超大杯，那样大杯就会成为中间的选项，也就有了你在星巴克经常看到的一幕：“您要的中杯，是这个中杯，还是中杯、大杯、超大杯中间的这个中杯？”

最后，虽然我们经常拿这个事情当笑话来调侃，但中国消费者真的开始购买大杯咖啡了。

2.7.2　拆分后再组合

关于菜单的设计理念有很多，主要涉及菜单的排版及营销技巧。我们知道，菜单有三个功能：引导顾客购买高利润产品；增加顾客人均消费额及桌均消费额；提高额外的营业额与利润（时段菜单与特殊菜单）。

这里我们通过讲述必胜客菜单拆分式组合营销的原理，阐述一下如何运用菜单来实现营业额、利润以及额外的营业额与利润。

按类型划分，菜单一般分为主菜单、下午茶菜单、新品菜单、特价菜单等，我们可以根据具体要求来设置菜单。

首先，根据营业时段找到顾客的需求点：

（1）主菜单。为了保证全年正常营业而制定的菜单，一般以年为周期进行更新，以主流菜品、主打菜品、常规菜品为主。

（2）下午茶菜单。为了提高低峰期的营业额，增加额外营业额与利润而制定的特殊菜单，一般以半年为周期进行更新，以下午茶、早餐、商务午餐为主，或以小份餐和套餐为主。

（3）新品菜单。为了保证顾客复购率而制定的菜单。一般以季度为周期进行更新。新品以主食、饮料、小吃、配菜及甜品为主，每款的比例不同，一般主食 1 款、饮料 2~4 款、小吃 1~2 款，配菜 / 甜品各 1~2 款，以及以特殊节日为主题的临时新品菜单，基本原理是一样的，就是利用周期或不同节日来设置菜单内容。

（4）特价菜单。为了提高一些新店或营业额较差的门店的营业额而制定的特殊菜单。它的随机性比较大，以点击率比较高的大众类主食、饮料、小吃、配菜及甜品来组合成不同规格或价位的优惠套餐。

其次，根据不同需求来设置菜单，方法如下：

（1）营业额高峰：主菜单 + 新品菜单（夹页）

（2）营业额低峰：下午茶菜单（夹页）+ 主菜单

（3）一周中营业额最低的 2 天：主菜单 + 特价菜单（夹页）

（4）新店开业期间：主菜单 + 特价菜单（夹页）

（5）新店营业额低峰：下午茶菜单（夹页）+ 特价菜单（夹页）

（6）老店营业额低峰：下午茶菜单（夹页）+ 特价菜单（夹页）

（7）老店节日营业额高峰：新品菜单（夹页）+ 主菜单

备注：两个菜单上下重叠递给顾客，将“+”号前的菜单放在上面，更为有效。如果“+”号后菜单为夹页，那么将其放入前面的菜单中或置于下方，更为有效。

最后，我们再说一下这样设置菜单的好处：

（1）每种菜单的周期不同，不用因为一个菜品的改变而重新制作菜单。因此，组合菜单对于节省成本和时间来说，比单个菜单要更有优势。

（2）连锁餐饮企业统一制作菜单，但因每家门店的情况不同，应灵活掌握，这样既不会打乱总部的规划，又可以根据门店的需求随意组合，以此提高营业额及利润。

（3）上菜单时可以通过不同的排序方法引导顾客，使顾客的消费向我们期望的方向发展。

（4）根据不同的菜单组合，可以精准实现单一目标，如实现提高营业额、利润、满意度、回头客、人均消费额、桌均消费额、客流量等目标。

2.8　菜品营销

所有餐饮从业者都认为顾客品尝食物的流程是：顾客看到食物的图片和名称、下单购买、获得食物，最后才是品尝。但很少有人知道，菜品好不好吃，第一印象很重要，所以当顾客拿到菜品之前，其实心理已经对它是否好吃有了自己的定义，而不是我们所认为的顾客品尝后才知道好不好吃。下面我们就通过具体实战案例来进行分析与学习。

2.8.1　菜品价值感的视觉营销

菜单、售卖方式与菜品的价格息息相关。比如，高档餐厅的人均消费 1000 元，那么菜单必须高大上；而中档餐厅的人均消费也就几百元，那么菜单的质感远不如高档餐厅的；那些小吃店及快餐店，有的连菜单都没有，只是将菜牌悬挂于收银台上方，有的只有菜品的照片（非常廉价的图片），有的只有简单的文字（介绍菜品名称及价格）。这也是小吃与快餐的价格总也上不去的一个主要原因，因为它们的展现方式就非常廉价。我们用著名的连锁品牌“西少爷”来阐述它是如何“破冰”的。

首先，西少爷的主打产品是肉夹馍及附属产品。肉夹馍本身是大众非常喜欢的一个菜品，目标人群基数颇大，但它在顾客心目中的价位比较低，而且年轻人非常注重时尚，于是这个菜品开始逐渐被边缘化。

其次，西少爷就从餐厅的装修入手，采用简约、明亮、时尚的设计理念，然后将菜牌做了两个创新：一个是呈现菜品的器皿，采用正餐的瓷质器皿及玻璃器皿来装盘拍照，让顾客看到菜牌时，顿感小吃华丽变身为高大上菜品的感觉；另一个是一改快餐常用的红色背景，而是采用西餐、日料常用的黑色背景。

最后，在顾客面前呈现的就是一份高大上的肉夹馍，它既满足了年轻人对食物的需求，又满足了他们对时尚的渴望。这样价格也就有了上升的空间，同时吃起来也不再那么没面子，进而提高了人们的购买欲望。

2.8.2 菜品呈现的视觉营销

关于菜品呈现，越来越被诸多餐饮品牌所重视，原因就是现在就餐的主流消费群体的年龄在 22~35 岁之间，也就是说，主流消费群体全都是“85 后”及“90 后”。在如今的市场里，这类人群对菜品的颜值有比较高的要求。因此，虽然绝大多数餐饮品牌都有自己的审美要求，但仍被逼在这方面下功夫。

下面我教大家一个通用的方法，不管什么菜品、什么价位、什么主题，都能运用这个方法来提升你菜品的颜值。

基础方法是让“躺着”的“站”起来。比如，有一道菜叫“晾衣白肉”，就是将切好的白肉挂起来，显得美观、高级、分量足；又比如，火锅店把鱼杀好，切成一片片的花刀，但不切断，将整条鱼挂在火锅正上方，犹如一朵朵粉色的花束，顾客一边剪一边涮，仪式感很强；再比如，清蒸或油淋鲈鱼，原来都是平铺在盘子上的，后来有的商家通过蔬菜支架或其他方法，让鱼立在盘子中，同时嘴里放一颗小西红柿，取名“龙吐珠”，寓意吉祥，使菜品一下子就变得高大上了，当然，价格也随之水涨船高。

进阶方法是让“静”的“动”起来。比如，拉面本来平淡无奇，也卖不出花样，在味道上也不可能有什么创新，海底捞就派拉面小哥进行炫酷的拉面表演，其目的就是让静止的面动起来；又比如，在菜品上罩一个巧克力做的大球，用其他热的液体一浇，球体就会慢慢融化，逐渐呈现出菜品的样子，这也是一种让菜品在顾客面前动起来的方法；再比如，在甜品或菜品底下放个隔层，隔层内放上干冰，再倒上水，盘中就会烟雾缭绕，这也是为了让菜品“动”出来。

终极方法是让“平淡”的“火”起来。比如，北京有个餐饮品牌叫“局气”，里面有一道非常有名的菜品，叫“蜂窝煤”，其实就是在主食（紫米饭）上倒上酒精，在顾客面前点燃，呈现出蜂窝煤燃烧的效果，原来一个平淡无奇的主食，做成蜂窝煤的形状就能“站”起来，同时燃烧起来，火苗不但能“动”起来，还会发光发热，这个品牌凭借这道菜火了起来，成为一个知名的餐饮连锁品牌。

2.8.3 新品研发中的售卖式营销

对于新产品研发和老产品优化，我们时常会走入一个误区，就是先把产品研发出来，然后想办法把它推广出去，推广的时候才想到营销。其实，在研发之前就要思考产品营销：如何做一份卖得好的菜品。

首先，我们在研发新产品之前，就应该以营销的思维来制定研发方向。我们要站在顾客的角度来研发产品，顾客对产品的期望是一种综合的感觉，包括品类、大小、价格、外形、口感等，也就是我们经常提到的色、香、味俱全，再加上价格实惠。

其次，我们在满足这些看似苛刻的要求的前提下，还要满足利润够大这一要求。满足这些还不够，如果是连锁品牌，还要考虑如何培训及培训后如何做到产品标准统一等问题。说了这么多，大家是不是觉得有点难以理解？没关系，我们用一个案例来说明。

很多年前，我在给一个餐饮企业做产品顾问时，面临的第一个问题就是这家餐厅的比萨卖得很不好，尽管投入了大量的时间、精力及人力，还是没有解决比萨销量滑坡的问题，当时我提出了三个举措：

（1）询问顾客的满意度和建议。一部分人说虽然很好吃，但下次肯定不点了；还有一部分人说真的不太好吃。我分析了一下原因，其实就是顾客觉得又贵又难吃。

（2）优惠促销。商家认为顾客如果吃过，一定会觉得好吃，但仍然出现了越促销越不好卖的情况。我分析了一下原因，其实价格已经很优惠了，那就只剩下一个理由了，就是真的难吃。

（3）找专业的西餐主厨研发和培训。商家通过关系找到了不少北京知名的五星级涉外酒店的西餐主厨来做，经过验证，顾客更不爱吃了。我分析了一下原因，越是正宗的异国美食，越难被本地人接受，所以商家必须优化菜品。

当时老板找到我，估计也是抱着死马当活马医的心态来的。因为我原来在必胜客做过产品培训，但和正规的西餐主厨比起来，还是一个门外汉。然而，我有一个他们都没有的优势，就是我懂营销，并且知道营销的核心是让顾客满意。

我先对餐厅的销售数据、产品研发人员介入的时间节点，以及改良后销售数据的走势做了分析。这是我原来在麦当劳和必胜客工作时养成的好习惯，通过数据看问题的本质，而不是通过主观意愿来分析问题。

结果发现了以下几个问题：

（1）物料太贵，商家要想不赔本，定价只能偏高，所以顾客才会觉得贵。

（2）饼太薄，顾客感觉不实惠，这就是专业的人把专业的事搞砸了。因为比萨的核心成本是馅料，饼胚并不值钱，但顾客一眼看上去，薄薄的一张饼竟卖这么贵，显然不实惠。

（3）味道太西式，中国人不爱吃。外国人喜欢吃馅料，所以薄的比萨饼受欢迎，而中国人喜欢吃饼胚，所以厚的比萨饼比较受欢迎。这也是为什么必胜客在中国推出了卷边比萨的原因。而且，外国人喜欢酸中带甜的底酱味道，而中国人喜欢甜中带酸的底酱味道。

（4）工艺太复杂，制作时间太长。在国外，比萨的制作工艺非常复杂和考究，而在国内连锁门店很难实现味道的统一。

（5）培训太麻烦。在用餐高峰期和低峰期，由于时间和工艺的原因，厨师制作出来的产品口感差异较大。

我的解决办法是：

（1）将面饼的厚度增加，由原来烤制后的 1 厘米厚度，增加到 4 厘米，用的是必胜客发酵粉配方。当比萨上桌时，要给顾客一种超级实惠的感觉。

（2）中国人喜欢甜中带酸的底酱味道，而且这家西餐厅的主流客户是年轻女性，我干脆做到极致，用草莓酱代替番茄酱，使比萨口感清香甜美，而且还有一种淡酸味。

（3）在制作比萨的时候采用最廉价的食材——水果，在比萨出炉后，放上应季的草莓及猕猴桃切片，起到装饰的作用，这是为了体现水果比萨的特色。

（4）最后一步就是将饼胚提前制作好让门店冷藏，中央厨房提供三个料包，即一个芝士包、一个草莓酱包、一个蔬菜包，再加上一个草莓和几片猕猴桃，只做一份装。

果然，此款比萨得到了市场的认可，同时商家将价格下调后，利润还比原来高了很多，实现了顾客、企业、员工三赢的局面。

2.8.4 产品重复排列

我们在研发菜品的时候，往往把精力放在新菜品的创新上，殊不知老菜品的优化才是菜品营销的主要内容。我们将老产品从营销的角度进行包装，在不需要技术培训、成本不变或小幅度增加的前提下，获取更高的利润。其最大的优点就是不必承担顾客会对新产品有口感不适的风险。

我们在研发新菜品的时候，既想成本低，又想样式好，还想卖得贵，然而鱼和熊掌不可兼得。这样做最终会导致两个结果：要么放弃某个需求，要么工艺极其复杂，使出品速度成为最大的问题。其实要想一举多得并不难，我们可以采取产品重复排列的营销方法。

首先，我们把菜品的食材进行调整，尤其是颜色方面，色彩要尽量多，但要注意颜色搭配。

其次，注意成本问题。如果我们选用三种不同颜色的食材，有可能其中一种的成本比较高，那么我们就应减少这种食材的使用比例，或者更换其他食材。

出菜时，我们可以采用重叠排列单品的方式。一般面包店、水吧、蛋糕店经常会采用这种方式，单拿出一个产品来，颜值并不高，但采用排列码放的方式，就显得很美观。类似很多女团组合，我们单看某一个成员，其实颜值并不高，但把她们组合在一起，并且将跳舞动作保持一致，给观众的感觉就是女团中的每个人都是美女。

最后，这种营销方式的要领有三点：

（1）食材要廉价，不要为了美观而大幅增加成本。

（2）排列码放整齐，这样会让顾客忽略某个单品的颜值，而去关注整体的颜值。

（3）颜色种类要多，基本在 3 种或 3 种以上，这样的话，整体的视觉效果会很好。

第3章 非常规营销

非常规营销有别于常规营销，它具有成本低、效果好的特点。但很多餐饮从业者大多不熟悉这类营销方法，但其实这类营销方法上手和落地都不难。下面我们通过分析一些案例，来阐释一下非常规营销的原理与技巧。

本章的主要知识点：

（1）“麦肯”体系营销

（2）互动营销

（3）视觉价值感营销

（4）附加值营销

（5）内部营销

（6）排队营销

（7）标签营销

（8）品牌营销

（9）加盟营销

3.1 “麦肯”体系营销

要想学会营销，先学习那些大品牌的营销技巧是一个不错的选择。但很多大品牌营销技巧的核心都是秘不外传的，真正能被人们知道的都是一些皮毛而已。我们就以麦当劳和肯德基为例，说一说这两个品牌最为核心的营销技巧与原理。下面我们就通过具体实战案例来进行分析与学习。

3.1.1 麦当劳的快推营销

商家在顾客点餐的时候，一般都会向顾客推荐菜品，主要推荐那些利润高的菜品及新品，但成功率并不高。然而，大家有没有发现，麦当劳的单品推荐成功率却很高。下面我们就来分析一下麦当劳的快推营销。

我们在分析麦当劳的快推营销时，有一个前提，那就是麦当劳采取的是纵向排队，两边没有障碍物，这样会大大提升顾客的购买速度。它这样做还有一个好处，就是不给顾客太多的思考时间。在这个前提基础上，再使用快推营销，效果才能好。

接下来，我们来说一下麦当劳点餐的话术及营销的侧重点。

（1）您好，欢迎光临，尝尝新出的 ×××× 新品吗？

目的：推荐新产品，增加顾客的消费次数。

（2）您是否要加一包薯条，这样可以凑成一个套餐，节省 2 元？

目的：套餐看似便宜，但实际上顾客多花了 5 元，商家增加了销售额。

（3）您要不要加 2 元换成大杯可乐？

目的：顾客看似得到了实惠，实际上多花了 2 元，也才多了 166 毫升可乐，大家都知道饮料的利润，何况这种大品牌在可乐采购方面的价格低到令人咋舌，这里就不提了，总之可以大大增加利润。

（4）您要不要加 10 元买个玩具给小朋友呢？

目的：锁定主流消费群体，也就是我们常说的“二八定律”，20% 的顾客贡献了 80% 的利润，大大提升了利润的稳定性。

（5）结账前总要问一句：“您还需要点什么吗？”

目的：看似没有用的一句话，会在顾客心中植入一种观念，让顾客在吃完的时候，产生再次购买的欲望。

3.1.2 餐饮连锁品牌的专职营销

大型餐饮连锁品牌在营销方面大致都有三个理念：营销优先、全员营销、总部与门店垂直营销。这里我们只深入剖析一个营销理念——总部与门店垂直营销。在此之前，我们要先说一下国内其他的餐饮连锁品牌营销的弊病，那就是营销指令虽层层下达，但层层削弱，到门店时几乎不剩什么了。营销指令下达的大致顺序是：总部→营销部→营运部→区域负责人→门店经理→主管→员工。

而在麦当劳，营销指令的下达顺序只有四个步骤：总部→营销部→单店行销代表→值班负责人。下面我们就来具体说说麦当劳、肯德基、必胜客这三个品牌的单店行销代表。

麦当劳、肯德基、必胜客这三个品牌的单店行销代表在门店里都有各自的名称，但不管叫什么，它都有几个共同的特点：

（1）此职位是门店里唯一一个专职负责营销落地的人。

（2）此职位不是管理岗位，而是员工岗位。

（3）此职位与公司营销部直接对接并落地营销工作，但人事关系由门店管理。

（4）此职位不必非是女性，但以女性为主，长相好看者优先。

（5）此职位除了负责门店的节日营销、产品营销等落地工作，还要负责营销装饰及营销效果统计。除此之外，还要负责社区关系维护工作（比如维护门店与居委会、幼儿园、学校、企事业等单位的关系）。

（6）此职位需要针对 20% 的高质量顾客进行跟踪，提供特殊增值服务等。

此职位在每个品牌中的名字虽然不同，但工作内容基本上是一样的，麦当劳叫“LSM”，肯德基叫“接待员”，必胜客叫“欢乐大使”。下面我们就来具体说说这一职位的工作内容。

麦当劳的“LSM”和肯德基的“接待员”一样，符合前面提到的所有共性特征，并且多数是女性，但由于 20% 的高质量顾客都是儿童的家长，所以他们提供的特殊增值服务都是针对儿童的，比如定期邀请他们参加店内的活动、生日派对等。再加上在维护客户关系时，年轻漂亮的女性在营销工作落地时更容易执行，所以就她们变成了“专门哄孩子的专职漂亮小姐姐”。

必胜客的“欢乐大使”，其实和麦当劳的“LSM”及肯德基的“接待员”的工作内容也差不多，但麦当劳和肯德基自进入中国起就设立了这两个职位，必胜客是后来才设立的。而且，他们的工作对象不再是儿童及儿童家长了，而是年轻人，所以他们变成了“组织活动及主动搭讪的服务员”。

我们强调一下，设立这个营销职位的目的有四个：

（1）总部与门店垂直营销，让执行层级扁平化，以便利于营销落地。

（2）门店内有一批专业、专职、专责的营销队伍。

（3）降低营销成本，提高营销效率，增加门店利润。

（4）提高 20% 的高质量顾客的忠诚度，周期性地维护商圈内的公共关系。

3.2　互动营销

目前，有一种营销方式颇受顾客喜欢，那就是互动营销，即让顾客参与到营销中来，积极地配合商家的营销。下面我们就通过具体实战案例来进行分析与学习。

3.2.1　打赏式营销

在常规营销中，大部分的营销方式都是单方面的传导式营销，即商家把营销信息传递给顾客，但顾客能否接受就不确定了。现在最有效也是最难的营销方式就是互动营销，接下来我们分析一个比较特殊的品牌营销，就是很久以前羊肉串的打赏式营销。

很久以前羊肉串是一家知名的烧烤连锁品牌，顾客大多是年轻人。说实话，针对年轻人的营销比较难做，因为他们的兴趣点比较难以捕捉，他们喜欢求新（新鲜）、求奇（奇怪）、求特（特别），这也是很多餐饮企业明明知道需要做互动营销却屡屡失败的原因。

我们既然了解了很久以前羊肉串顾客的特性，下面就来说说它这个互动营销的规则：

（1）每个员工都有自己的二维码

（2）员工将二维码佩戴在身上

（3）店内的活动内容以海报的形式提前告知顾客

（4）不限打赏金额或固定单次金额

（5）鼓励员工与顾客交流互动

以上规则兼顾了三者的利益：商家、顾客、员工。最后，我们来说明一下这个互动营销的目的：

（1）增加员工与顾客之间的互动体验

（2）提高员工主动服务的积极性

（3）以打赏的方式让顾客找到当“上帝”的感觉

（4）由顾客直接对员工进行考核

商家以这种方式来制定营销规则，利用趣味性来调动顾客与员工之间互动的积极性，最终实现了多赢。

3.2.2 让顾客来定价

很多商家每年甚至每个季度都会推出新菜品，一是为了让老顾客品尝新菜品，增加他们光顾的次数，二是为了吸引新顾客来店消费。然而关于菜品的定价，很多商家都会采取常规的定价方式，一般有两种：

（1）成本定价法，即依据成本来定价。一般来说，菜品成本是其定价的 40%。如果成本是 8 元，那么菜品的定价就是 20 元。

（2）参照定价法，即参考同行的价格来定价。如果所参考的同行卖 18 元，而自己的餐厅装修更好一些，菜量更足一点，那么就定为 20 元。

以上方法都是脱离顾客的定价法，至于顾客是否能接受这个价格，就要靠市场来验证了。不过还有一种方法，就是将定价的权力交给顾客，使其产生互动体验，以此作为新菜品的推广营销活动来做。

我们说一个案例，北京的某家餐馆推出了“菜由我做、价由您定”的营销活动。商家在活动期间推出了 10 道菜，顾客可选一道菜随便给价钱。商家表示，这只是一个活动而已，并非长久之计。这个活动的目的是通过降低菜品的价格把顾客请到店里来，商家还希望顾客在给出定价之后能对菜品的味道提出意见。

这个营销活动的目的并不是单纯地让顾客来定价，而是要以营销的方式实现三个目标。

（1）利用参与和互动的方式来营销，以博得顾客对新菜品的关注。

（2）将菜品的定价权交给顾客，吸引顾客来此就餐，以此产生其他关联消费，这就是通常所说的引流。

（3）不使用常规的推荐新菜品的方式，而是通过顾客自由选择菜品的方式来确定顾客的喜好，这样可以从顾客对价格的自由选择中看出顾客对菜品价值的定位。

我们在做营销活动的时候，要遵循限量、限类、限时的原则。因为做活动时菜品的价格是不可控的，如果没有限制，结果就有可能失控。所以，一定要遵循限量原则，比如每天 10 道菜，每道菜限 10 份，每单限 2 个活动菜品；所谓限类，是指我们不要将一个品类做成 10 个新品，应该多找几个品类，比如素菜 2 个、荤菜 2 个、甜点 2 个、凉菜 2 个、饮料 2 个；所谓限时，是指所有的活动都要有时间限制，我建议是 5~30 天，短了肯定没效果，但如果超过 1 个月的话，所有顾客都有机会吃到新菜，那么这个营销活动的效果就会大打折扣。

3.3 视觉价值感营销

很多商家认为，只有顾客进餐时或进餐结束后才会对餐厅有一个评价，其实这种想法是错误的。大部分顾客在看到菜单的时候，就已经对餐厅有了一定的判断。

还有，菜品贵不贵不取决于你的食材成本，而取决于顾客看到菜品的价值认知。所以，视觉价值感营销会让商家在利润很大的情况下，还让顾客认为实惠，同时提高满意度及回头率。下面我们就通过具体实战案例来进行分析与学习。

3.3.1 将产品拆分，增强产品的价值感

餐饮业面临的最大的问题就是成本高、人工费用高、房租高、利润低。对于商家来说，解决这个问题最简单的办法就是涨价，但很多有经验的商家都知道，降价不一定能引来顾客，但涨价一定会流失顾客。下面我就教大家一个既能让产品涨价，又不会让顾客反感的营销方式。

我们知道大多数顾客都非常反感涨价，所以，在没有一定营销技巧的前提下直接涨价，是一种不理智的行为。因此，商家先要解决顾客的这种反感心理，那该如何解决呢？最简单的办法就是不让顾客知道涨价了。

那么，具体该如何做呢？其实很简单，就是让顾客无法类比。比如，一杯咖啡原来卖 20 元，现在涨到 25 元，顾客一看就知道我们涨了 5 元。但如果我们出了一个新品，售价为 25 元呢？顾客就不会拿新产品与原来

老产品的价格做对比了，然后慢慢把老产品取消，这样顾客就只能购买新产品了。同时，这个新产品的原料不变，只是形式或名称改变了，一定要让顾客认为新产品就是好。大家会说，顾客一品尝就知道味道没有什么变化，要想解决这个问题，我们应该做好以下几方面的工作：

（1）外观要有明显变化，但成本不变

（2）工艺不要太复杂

（3）价值感要翻一番

（4）定价要合理公道

下面，我们通过案例来具体阐述一下。我曾给某个品牌做过产品顾问，店老板说他想将咖啡涨价，但在这里一杯咖啡卖 28 元已经是极限了。听说，在上海有些咖啡可以卖到 38 元、48 元，甚至 68 元，我就带着相关人员去上海做了考察，结果发现了一个秘密：一杯冰咖啡竟然是用热水冲调咖啡粉，然后滤掉咖啡渣，再加入牛奶或糖，最终加入适量的冰做成的。

首先，分析一下售价为 48 元的咖啡。它是将一杯咖啡分装在多个容器中，包括一个咖啡玻璃樽、一个热饮杯、一个盛有冰块的冷饮杯，外加一块一元硬币大小的饼干，最后配上一张咖啡知识卡，将这些放置在一个木制托盘中，顾客可以根据个人喜好加牛奶或糖。大家看一下，食材成本几乎没有变化，但顾客看到的不是一杯咖啡，而是一个很有格调的咖啡套餐。顾客可以先品尝热咖啡，然后品尝冰咖啡，显然它的视觉价值感比单纯的一杯咖啡要高，最重要的是顾客还可以亲自调制。

其次，分析一下售价为 68 元的咖啡。它的视觉价值感更高：一杯热咖啡、一个盛有冰块的红酒杯、一个盛有咖啡渣的小盅，将这些放置在一个木制托盘中，另外，将一小杯牛奶、三块糖、一个咖啡勺放在一个瓷质盘子中。大家有没有发现，食材成本几乎也没有变化，但似乎变成了格调更高的咖啡套餐，完全可以满足顾客品尝、拍照及发朋友圈的需求，让顾客觉得这 68 元花得物有所值。

最后，我们再来仔细分析一下这种营销方式，它就是在成本几乎不变的前提下采用拆分的方式增强产品的价值感，从而实现了变相涨价。

3.3.2 一个失败的案例

我们说了很多成功的营销案例，下面我们通过一个失败的案例来阐述价值感营销的重要性。当一个餐饮品牌开业三个月后，决定它命运的不是产品好不好吃、服务到不到位及环境好不好，而是有没有价值感。说白了，就是顾客认为值不值得再次光临的心理感受。

我们先了解一下这个案例。很多年前，我给一个品牌做顾问，我主要负责连锁加盟前的标准化工作，这个品牌的主打产品是卷筒比萨。我做的第一件事就是将产品标准化，起初我觉得这个项目非常好，各方面都准备得十分充分，就差最后一步——推向市场，开放加盟。

可是，后来我发现了一个比较严重的问题：虽然产品在设备、工艺、口感、半成品、物流配送、市场热度等方面都很完美，但给顾客的价值感太低了。

下面我们来说一说这个问题产生的原因：大家都知道一般的比萨是平铺的，而卷筒比萨是锥形的，从视觉上看，这个卷筒比萨的侧面与一个 9 寸比萨的 1/6 大。但大家要明白，平铺比萨的馅料是一个平面，但卷筒比萨的馅料是摞起来的，我算了一下，一个卷筒比萨的馅料用量是一个 9 寸平铺比萨一半的用量。换句话说，如果人家 9 寸的平铺比萨卖 90

元，那你这个卷筒比萨就要卖 45 元，但在顾客眼里它只值 15 元，也就是说产品的价值感极低。

若按正常价格（45 元）卖，顾客会觉得贵了 3 倍，若按顾客认为的价格（15 元）卖，商家会血本无归。经过分析，我认为这里最大的变现障碍，就是价值感营销无法实现。后来，我试图在外观价值、口感价值与成本价值之间寻求平衡，使其在商家有一定利润空间的情况下，让顾客接受这个价格。但我发现很难做到，所以最后我也没有继续做下去。

3.3.3　堆砌式营销

不管是什么样的餐饮品牌，顾客内心都有一定的评判标准，这个标准就是产品的价值与价格的对比。我们知道，产品的价值是通过视觉来实现的，也就是在就餐时，顾客看到产品的一刹那，已经对菜品有了自己的心理定价，他们会根据价格来评判产品的价值。那么，针对这种情况，我们应该如何做好视觉价值感营销呢？

我们要通过顾客对视觉的惯性思维来做营销，让顾客感觉实惠，尤其是快餐类产品，视觉上食材的多少，会直接左右顾客的判断。所以，针对这种情况就出现了一种视觉价值感营销方式：堆砌式营销。

下面我们就来聊聊这种营销方式。使用这种营销方式的一个成功案例就是云南过桥米线。其实这些食材本可以放在一个容器里，商家却把每种食材单独放置在一个容器内，在上餐的时候，花花绿绿一大片，甚是壮观。看到上了那么多东西，顾客瞬间觉得很实惠。如果商家把这些食材都放在一个容器里，分量及内容都不变，此时顾客再参照价格，就会觉得一碗米线卖好几十元，真是挺贵的。

大家要知道，实惠是一种综合感觉。菜品越复杂，顾客越难感觉到实际成本。这里有几个技巧可以实现这种堆砌式营销的效果。

（1）同品类：80% 便宜的 +20% 贵的

（2）同盘内：便宜的在下 + 贵的在上

（3）颜色组合：三种颜色以上

（4）套餐组合：荤菜 + 素菜 + 饮品 + 小料

（5）摆放形状：扁平 + 上下分层

3.3.4 设计一张吸引人的海报

商家在做促销或对外宣传时，经常会用到产品海报，以此来推广产品。但很多餐饮商家有这样的思维误区，那就是一张产品海报的内容越丰富，海报的利用率就越高。所以我们就发现，很多餐饮商家海报的设计，远看就像一块乱七八糟的大花布，顾客根本没有兴趣去了解里面的内容。下面我们就来说一说设计海报的原则、技巧与禁忌。

设计海报的原则：信息越单一，顾客的阅读量越高。一般海报被顾客浏览的时间是 3 秒左右，而宣传单是 1 秒左右。马路边派发的宣传单之所以经常被顾客丢弃，是因为顾客在商家递过宣传单的那一秒就已经判定是否要去接它。不过，也有好心的路人，接过宣传单后随手丢到附近的垃圾桶里。

几年前，我曾经在北京的几个大型餐饮企业里做过一个实验，在它们开业或派发的宣传单未被优化的情况下，看看实际到店顾客的转化率到底是多少，得出的结果是 2% 左右。接下来，我计算了一下海报及宣传单的引客成本：10000 张宣传单，成本大概是 2000 元（与大小、纸张、印刷量有关），捕捉率 2%，也就是说会有 200 人到店，每人消费 80 元，利润 5%。10000 × 2% × 80 × 5%=800 元纯利润，800 元纯利润 -2000 元成本 = 净亏损 1600 元。

这就是很多餐厅因生意不好而派发宣传单，结果人气虽上来了，但利润更少了的原因。也许有人会说，顾客来了一次之后或许还会来，所以从长远来看商家还是赚了。但你总不能一直亏本经营下去吧？只要活动一撤，瞬间就没有顾客了，很多创业新手都是这么“死掉”的。

最后，我想说的是，设计海报时能用图片的，不要用文字，能用单色调的，不要用多色调，能用 5 个字说清楚的，绝对不用 10 个字来表述。举个最明显的例子，很多商家都会在店内海报上印上店名、地址、电话、企业文化等。其实，顾客已经到店了，看到海报后，没有一个人会认为这是隔壁商家做的广告。所以，无关紧要的内容只会使海报的总字数变多，使你的海报让顾客第一眼看上去就心生厌烦。记住：一张好的海报，一定要让顾客在一秒内就能知道你要传达的信息；一张差的海报，除了老板、设计师和店内负责人，没有一个人会认认真真看完它，甚至连你的员工都懒得去看一眼，何况是顾客呢。

3.4　附加值营销

我们知道，很多餐厅都很注重给顾客提供好的就餐环境、卫生、菜品及服务，但容易忽略配套设施，如果我们利用这个疏漏做附加值营销，那么很容易就能超出顾客的心理预期，轻松地超越竞争对手，牢牢锁定顾客。下面我们就通过具体实战案例来进行分析与学习。

3.4.1 利用卫生间做附加值营销

卫生间是每个餐厅的标配，不过大多数商家只使用了它的基础功能，很少会将其与营销联系在一起，我们现在就来说一说餐厅卫生间里的营销技巧。

关于卫生间，我们先要有一个正确的认识：餐厅的餐位在一个时段内只能由固定的顾客占据，但卫生间是公共区域，几乎每位进店的顾客都有可能使用。所以从营销的曝光率来说，卫生间的营销效果能达到和你花了十几万元甚至几十万元的门头或外立面同样的效果。因为卫生间是餐厅内顾客可以触及的曝光率最高的地方，所以它也具有非同一般的价值。

一般来说，卫生间的附加值营销有两种类型：

1）猎奇型

将卫生间装修得别具一格，给顾客留下难忘的记忆，最好带有一定趣味性，使其成为就餐顾客走后的谈资，以此进行品牌或餐厅的口碑传播。比如，有一家江湖菜餐厅，它就把卫生间的洗手盆命名为“金盆洗手”；还有一家餐厅，它将男卫生间的一面墙装上单面透视的玻璃，使其成为男性顾客的谈资；还有不少商家在卫生间小便池的位置张贴人物贴纸，给顾客一种奇特的体验，增强记忆。

2）享受型

将餐厅的卫生间装修得比较舒适，让顾客觉得很享受，从而产生好感，增加下次光临的概率。比如，海底捞就是在卫生间洗手盆旁边放置几十种小物品，以提高品牌在服务方面的价值感；又比如，有一家餐厅把卫生间设计成居家风格，让顾客有种回家的感觉，还设置了衣帽架，方便顾客穿脱外套；再比如，北京有一个知名酒吧，之所以知名，是因为它华丽的卫生间梳妆台吸引了大量的女性顾客，这也间接带动了男性顾客的光临。

最后，我们综合分析一下，卫生间之所以能成为营销的一个阵地，有三个原因：一是这个地方的曝光率很高；二是这个地方是其他商家最容易忽略的阵地，所以很容易做到差异化；三是可以锁定主要顾客的兴趣点。大家可以看看，除了海底捞，上述其他例子都是针对其中一个性别的卫生间进行营销的，这样容易形成鲜明的对比，也更容易突出亮点。

3.4.2　体验式营销

这里我再分享一个营销方法，是麦当劳一进入中国就开始使用的，后来我发现，只有海底捞真正学会了，并且运用自如。

我先来说一个 20 多年前司空见惯的事情：去餐厅借用厕所这件事如果放在今天，也许没有商家会介意，但那个年代不一样，当时的基础公共设施不完善，去趟卫生间一般都要缴纳 2~5 角的费用。所以，很多人就会跑到餐厅去借卫生间，而餐厅工作人员一般都会问："你吃饭吗？"言下之意，这个厕所是给顾客用的，你吃饭就能用厕所，不吃饭就不能用。

在当时的北京，所有的餐饮企业中只有麦当劳和肯德基是仅有的为数不多的不需要就餐就可以使用卫生间及餐位，而且还把卫生间打扫得十分干净的品牌。这种看似让路人占便宜的行为，整整影响了一代人。我记得 20 多年前一说谈事，去哪里见，几乎都约在附近的麦当劳或肯德基见面，犹如今天的星巴克一样。我记得 10 多年前有人问我，如果有一天麦当劳或肯德基退出中国市场了，对我们影响最大的是什么，我开玩笑地说“北京黄金地段的公共卫生间会少一半”。

现在我们说说海底捞。海底捞是将门口公共区域拿出来供大家娱乐休息做到极致的餐饮品牌。当你享受门口所有免费服务的时候，没有人会问你是否就餐，因此，赢得了极好的口碑。

最后，我们来梳理一下：麦当劳、肯德基和海底捞都是利用差异化思维和人性的弱点，通过提供最大的便利给顾客，给其他竞争对手一个措手不及，而这也使它们自己从行业中凸显出来。这就是体验式营销的精髓。但大家要注意，这种营销方法只适合“第一个吃螃蟹”的人，后面跟风的一旦多了，就没有多大效果了，所以这种营销策略需要企业老板有魄力与战略眼光。

3.5 内部营销

大部分餐饮管理者或领导者会认为营销只是针对顾客做的，但实际上营销是无处不在的，企业内部同样需要营销。通过营销手段，提高员工的满意度和工作效率，降低员工的离职率及人工成本等。有的内部营销还可以针对加盟商，效果也很不错。下面我们就通过具体实战案例来进行分析与学习。

3.5.1 利用好专业道具

大家有没有发现，总部对直营店及加盟店的管理多多少少都会产生一些问题，所以总部的专业性也因此经常受到质疑。比如，招商负责人在给加盟商选址的时候或者管理人员去加盟店指导的时候，他们或多或少会质疑你的专业性，这种情况在餐饮行业中经常出现。如果对方是从某个大的餐饮品牌出来的管理人员，那么这种质疑很容易转化成情绪对抗，让很多餐饮老板头疼不已。其实这个问题可以通过一些专业的道具来解决，下面我们就来具体说一说。

大家可能听过一句话“文无第一，武无第二”。也就是说，文人做学问各有千秋，难以分出谁高谁低，所以说文无第一；而练武的人是直接比试，拉出来一较量便可分出胜负，所以说武无第二。而管理和厨艺属于“文”，很难明确界定谁的管理更好，谁的厨艺更好，所以在管理方面，大家都觉得自己不差，就会各说各好。

为了解决这个问题，你要学会利用道具，用一个可见的标准来衡量对错与好坏。比如选址时，你带上测距仪、卷尺及计算器，去现场量一下，用测量数据对加盟商说：“这个房子从基础建设、工程条件、面积和周边人流综合来讲，完全符合我们的选址要求，所以可以租。”这样一来，测量工具印证了你的专业性，而你的专业性又印证了你的结论与判断是对的。

再比如，当你去门店指导厨房工作人员时，不要一上来就评判人家切得好不好、做得好不好、管理得好不好。带上测温枪、测温针、糖度仪、盐度仪、量杯、量勺、电子秤等，先当着所有人的面测量，打消他们的顾虑，然后用数据说话，比如：“菜品温度显示为 65 度，这道菜的最佳口感是 75 度，所以这道菜不合格。”“根据温度计显示，这款饮品的温度为 5 度，作为冷饮，顾客喝起来不够凉。”“根据温度计显示，储藏柜的温度比正常储藏柜的温度高了 8 度，所以食物会很快变质，容易产生食品安全问题及损耗问题。”“根据盐度计显示，你这个汤汁咸了。”“根据量杯显示，这个饮料你给少了，管理不到位。”“根据电子秤显示，这道菜你给多了，出品管理不到位。”……这些具体的数据很难不让人信服。

而且，每个部门都要配置相应的专业的道具，在使用的时候，要当着对方的面，先使用道具，然后告诉对方标准数据，再说测量数据，最后给出结论。只有这样，道具的作用才能发挥到极致。所以，不是说你有一堆道具，就能证明你的专业性，操作顺序及所呈现的流程也很关键。

3.5.2 激励员工配合营销

我们在进行日常管理的时候，为了提高员工的工作效率、配合度、责任心、忠诚度等，一般会设置一些奖励机制，很多人把这个归到管理及人事层面。其实这种想法是有问题的。大型餐饮连锁企业在各系统中都会植入营销的理念，比如像麦当劳及肯德基这样的世界级餐饮巨头，它们就把这种方法运用得很好。下面我们就用案例来具体阐述一下如何利用最低的成本使基层员工积极工作，努力销售产品。

不管是麦当劳还是肯德基，管理层以下的绝大多数基层员工都是没有奖金的。原因有如下几个：

（1）基层员工众多，若采用过于复杂的奖励机制，则很难有效落地。

（2）基层员工的自觉性不高，过于教条的奖惩机制，会使员工产生逆反心理，导致离职率过高。

（3）基层员工的离职率很高，这给企业带来了极大的管理成本、时间成本及培训成本。

（4）基层员工众多，若奖金额度高，就会大大增加企业的人工成本。

针对这些问题，麦当劳和肯德基采用了一种廉价且高效的解决方法，那就是“代币法”。但这个方法最早不是用来管理企业的，而是用来管理精神病人、多动症或智力发育迟缓的儿童、酒精中毒者和药瘾患者以及犯人的。

其实，我们很小就接触过代币法，幼儿园老师鼓励小朋友时使用的“小红花”，小学老师鼓励小学生时使用的“小红旗”，都是代币法的衍生产物；而麦当劳的代币道具叫作“员工激励卡”；肯德基的代币道具叫作“员工里程卡”，原理一样，规则也相同，只不过所用的道具有所不同罢了。

下面我详细解释一下在餐饮连锁企业管理中，如何使用代币法让基层员工积极工作，努力销售产品。

（1）大家切记，这里绝对不能出现现金，因为代币法就是用道具代替货币的，一旦出现现金，这个机制从源头就无法成立了。

（2）奖励金额为每个周期定额，如每月定额。这样总成本不变，员工为了得到奖励，会积极配合，互相竞争。

（3）奖品要设置多个档位，至少 3 档，最多不能超过 7 档。

（4）将每档的奖金额固定，让员工把自己希望得到的奖品写出来，并交由公司或门店管理者统计，每档出现频率最高的奖品，就是应设定的奖品。

（5）制作积分卡或积分工具，当员工满足奖励条件时，根据实际情况给予员工积分奖励。

（6）每个周期（如每月）召开员工大会，将奖品拿出来，让大家用积分兑换，或竞拍兑换，每个礼品，积分高者可得。

3.6 排队营销

排队营销已经成为餐饮圈公开的秘密了，有人鄙视，有人模仿。其实，我们对排队营销的理解过于狭隘了，真正的排队营销并不是这几年才有的，只不过我们这几年才发现而已。其实这种营销方式早在 20 多年前就已经被一些大品牌运用得炉火纯青了。

即使到了现在，也有一些餐饮人不完全明白什么才是真正的排队营销。下面我们就通过具体实战案例来进行分析与学习。

我们知道，改变顾客现有的排队方式可以提升商家的利润，而且跨国餐饮连锁企业常常使用这种营销方式，如星巴克和麦当劳。虽然很多国内同质同类的品牌也在模仿它们，但很多人并不知道其中的原理，于是便造成了形似神不似的结果，所以在利润贡献上也不太令人满意。

我们先要明白一点，那就是对于不同品类的餐饮品牌，获取利润的点是不同的。比如，咖啡厅的最大利润来源于人均消费额及咖啡之外的衍生品或附属品；烧烤店的最大利润来源于凉菜及酒水；快餐店的最大利润来源于客流单数，而不是人均消费额；中餐厅的最大利润来源于包间或卡座；西餐厅的最大利润来源于甜品及饮料。

下面，我们来具体说一说星巴克和麦当劳是如何利用排队营销来获取最大利润的。

星巴克：最大利润来源于人均消费额及咖啡之外的衍生品或附属品，所以可以采取横向排队，让顾客紧贴柜台，然后设置一个产品“观光路线”，使其在“沿途”拥有更多观看、选择、考虑购买产品的机会，延长潜意识营销时间、提高推荐衍生品售卖的概率，从而提高人均消费额。

麦当劳：最大利润来源于客流单数，而不是人均消费额，让顾客纵向排队，提高购买速度，降低顾客的思考时间，从而提升客流单数，为总营业额做出贡献，这样利润也会随之提高。

我们再说说这两种排队营销方式的核心，就是要给顾客造成一定的心理影响。星巴克：横向排队，紧贴柜台，顾客没有了被插队的焦虑，就会放松心情，更容易被旁边的衍生品所吸引。麦当劳：纵向排队，两边没有障碍物，顾客内心会产生焦虑感，而这种焦虑感可以大大提高顾客的购买速度。

目前将排队营销做得最好的两个品牌，我认为是喜茶和鲍师傅，但它们的结果相差很大，下面我们就来剖析一下这两个品牌的具体做法。

喜茶采用排队营销先迅速提升知名度与关注度，然后引入资本，大力发展直营店，最后再采用排队营销方式加倍提升知名度与关注度，以此吸引大量粉丝，利用庞大的粉丝经济上市，最终在资本市场上实现盈利。而鲍师傅走的却是另外一条路，就是采用排队营销先迅速提升知名度与关注度，然后引入连锁体系，大力发展加盟店，最终在加盟费、后期管理及供应链上实现盈利，但它的最终结果并不理想。

喜茶和鲍师傅所运用的方法相同，变现手段从理论上来说都没有问题，可为什么喜茶如此成功，而鲍师傅的负面新闻却铺天盖地呢？那就是营销控制权的问题。喜茶采用的是直营策略，每家门店采用排队营销是可控的，并且资金充足；鲍师傅采用的是加盟策略，如果公司采用排队营销吸引了大量的加盟商，那加盟商在开店的时候要不要也采用排队营销呢？如果不用，那么生意显然不会很好。如果在初期鲍师傅就告诉加盟商开业要做排队营销，那么加盟商或许会再三考虑。不管是哪种情况，品牌在发展加盟商时都应将真实情况告知对方。

3.7 标签营销

同质同类的品牌都会面临一个问题，那就是如何在有限的客流中，快速获取更多的顾客，这里就要涉及一个问题，即顾客如何从众多类似的品牌中选中我们，答案是顾客会从需求上选择与自己匹配度高的品牌，可以是精神匹配度，也可以是刚需匹配度，而我们要做的就是给自己贴一个标签，以便顾客快速地找到并选择我们，这就是标签营销。

3.7.1 推出高科技衍生品

大型餐饮连锁品牌基本上都会根据目标客户群的共性进行营销。我们下面讲的就是关于必胜客、肯德基及麦当劳的案例。它们通过市场调研，发现主流顾客都是年轻人，而年轻人热衷于时尚与新奇。于是，它们便以此为核心推出了 3 款科技含量不低的衍生品来进行营销，以便在顾客心中植入品牌标签，来增加他们的忠诚度及好感度。

我们先来看看它们都做了哪些事情。

必胜客：你只要轻轻一按鞋面上的按钮，比萨就会直接送到你家门口……这款充满黑科技的产品是一双名叫“Pie Tops”的球鞋。

肯德基：香港地区的肯德基推出了这款号称使用天然原料制作的指甲油，只要涂在指甲上，5 分钟后就可以吃了。

麦当劳：荷兰的麦当劳利用黑科技做出了一款名为 McTRAX 音乐餐垫纸，顾客需要在手机上下载一个应用程序，把手机放在连着蓝牙的餐垫纸上，然后就可以像 DJ 一样制作音乐了。

下面，我们根据它们的品牌衍生品营销来分析一下它们这样做的目的及好处。

必胜客：想向顾客的大脑中植入两个信息，一个是时尚，一个是外卖，以此让顾客产生好感，提高关注度，从而提升外卖营业额。

肯德基：想通过这款美味指甲油，向顾客传递美味及美丽的信息，以摆脱“洋快餐是垃圾食品，吃了会胖”的负面形象。

麦当劳：想通过餐垫纸向顾客传递时尚与娱乐的信息，让顾客将品牌与娱乐产生关联性，以此提高客户黏性，增加到店次数。

商家通过异业联盟、跨界合作、推出奇葩衍生品，来换取顾客的存在感、认同感及好感度，这是一种多赢的营销方法。

3.7.2　做好功能定位

如今餐饮品牌越来越多，以致餐饮业同质同类化现象越来越严重。很多品牌也经常“撞衫”，不但在菜品上越来越雷同，装修风格、服务模式甚至视觉识别系统也都十分相似。然而，顾客在选择餐饮品牌时，往往有自己的需求。如果说 20 年前大众就餐的喜好还停留在“吃”上的话，那么今天就停留在“功能”上了。那么，顾客是如何选择餐饮品牌的呢？

我听过很多营销理论，有一种说法是，顾客先想到今天吃什么（哪个品类），然后想到喜欢吃什么（哪个菜品），最后想到选择哪个品牌（去哪家吃）。听着有道理是吧？其实不靠谱，我认为顾客第一个想到的是为什么吃。比如，他就一个人，跑海底捞去吃火锅，这种人有没有呢？当然有，但你要指望这样的人吃火锅，让你的生意火起来的话，过不了三个月，你就关门大吉了。所以，我认为为什么吃才是重点。

若是一个人的工作餐，顾客会想到米粉、米线、盖饭类的快餐；若是两个人的工作餐，顾客会想到中式快餐的堂食；如果是情侣就餐，选择去哪里吃、吃什么就与今天的日子有关——如果是平常日子，情侣就餐主要会考虑女生爱吃什么，如果是特殊节日（如生日、情人节、七夕节、纪念日）的话，则会选择环境优雅的洋餐厅（如西餐厅、日料店、韩餐店等）或新的中式餐厅；如果是多人的同事聚会，一般会选择离公司近或交通便利的大众餐厅，有大桌、人均消费额不高、菜品丰富的餐厅，如火锅店、烧烤店等；如果是多人的朋友聚会，一般会选择环境轻松，交通便利，价位适中（不用太便宜），大众口味，菜品以火锅、烤串、家常菜为主的餐厅，和多人的同事聚会很像，只不过对人均消费额不那么敏感；如果是工作上的应酬，那么选择的餐厅环境要好，位置要便利，菜品价格要偏高一些，最重要的是能开正规发票。

所以，我认为现在大众就餐，功能是排在第一位的。要看和谁吃，适合什么环境以及在哪儿吃，然后才是什么品类、菜品、品牌的问题。

以功能需求为核心，就能定义顾客的就餐选择，以此锁定顾客。而那些产品大众、具有社交属性、消费群体广的品牌或商家，就会面临被顾客边缘化的窘境。下面，我们分析三个案例，看看它们是如何做到功能定位。

首先，我们分析一下星巴克，它在顾客心中的功能定位是商务会面。星巴克选择的地理位置都是写字楼的办公区或大型商圈，这里的商务人士众多，咖啡厅也多。星巴克会选择大落地窗，单色家私及简约商务风格的深咖色调，室内光线很充足，因为商务谈判时最需要的就是察言观色，所以明亮的环境更利于顾客在谈判中占据优势。而且，环境既不古板，也不轻佻。可见，它成为国内商务人士约谈的首选场所也是有原因的。

然后，我们分析一下漫咖啡，它在顾客心中的功能定位是朋友聚会。选择社区或商住混合的商圈即可，位置不必太好。采用和星巴克很像的木质归本设计，但光线要比星巴克弱 20%，座位很舒适。产品不像星巴克以咖啡为主，漫咖啡主打的是甜品及简餐。聚会时大家都希望轻松自在，所以它的光线柔和、环境轻松，因此成为年轻人聚会时首选的咖啡厅，也是因为这种精准定位，使它在国内异军突起，成为一个知名品牌。

最后，我们分析一下咖啡陪你，它在顾客心中的功能定位是情侣约会或关系亲密的年轻人聚会的场所。它对于咖啡厅的位置，没有特别的要求，但咖啡厅内部要满足两个要求：环境温馨，私密性要好。所以，咖啡陪你利用大量绿植作为半透明遮挡，复杂的座位格局，同时增加了边角隐蔽位置，较暗的灯光，成为亲密朋友与情侣约会的不二选择。

3.8 品牌营销

一个品牌在做大做强之后，必然会从产品营销转移到品牌营销上来，从而弱化产品价值，提升品牌的附加值，以便获得更高、更稳定的利润。那么，这些大型连锁餐饮品牌是怎样在顾客的大脑中植入它们的品牌信息的呢？下面我们就通过具体实战案例来进行分析与学习。

3.8.1 增强品牌信任度

很多餐饮企业都会宣传自己的食品多么安全，以此提高顾客对商家的信任度。如今人们越来越重视食品安全，食品安全已经成为品牌的一个核心指标了。但大多数品牌无法有效地展示自己在这方面所做的工作，所以便把自己如何注意食品安全以文字、图片或口号的形式对外宣传，给顾客一种“自卖自夸”的感觉。有时，你说的太多，顾客反而会质疑甚至厌烦你。

讲一个有趣的案例：有一年，麦当劳由于使用过期的半成品，被“3•15 节目”曝光，如果换成其他品牌，将是一次毁灭性的打击，但麦当劳当时的生意好像并未受到很大影响。

不少群众表示，虽然麦当劳使用了过期产品，但他们并不知情，是上游供应商的错。而且麦当劳的食品安全非常到位，虽然出现了纰漏，但和其他餐饮品牌比起来，麦当劳的食品安全标准还是国内一流的。其实这个结果大家并不意外，可麦当劳食品的安全程度为何在中国顾客心中如此根深蒂固呢？这和麦当劳 20 多年来的一个营销方式分不开，下面我们就来剖析一下这个隐藏极深的品牌营销。

首先，麦当劳的食品安全并没有以文字、图片或口号的形式对外宣传，也没有定期去说，而是每天都在做。方法就是，每天中午最忙的时候扔掉几个汉堡，晚上最忙的时候扔掉几个汉堡，每家店每天都在扔，坚持了 20 多年。为什么要扔掉汉堡呢？因为麦当劳的工作人员对外宣称他们丢弃汉堡的理由不是过期，而是不好吃（过了最佳口感期），换句话说，一个汉堡可能放三天才过期，但它家的汉堡制作完成后 15 分钟卖不掉就要扔。这对于当时国内其他餐饮商家来说，简直就是一种疯狂行为，即使在 20 多年后的今天，国内也没有几个品牌可以做到。

其次，麦当劳为什么在最忙的时候扔掉几个汉堡，是因为这会儿排队的人最多，当顾客排队排得很长，担心自己还要等很久的时候，经理拿出一个汉堡，大喊“一个汉堡过时 15 分钟丢弃”，这时所有员工必须高声回应“收到”。过会儿再随机重复一遍，而顾客会怎么想呢？“即便过了 15 分钟你们也可以接着卖，不会有人介意啊，看来食品安全标准真是严苛。”还有人想得更离谱：“前天我家剩饭还在冰箱里呢，晚上还要接着吃，你这 15 分钟就扔掉啊，麦当劳果然是“良心”商家，要不人家的生意怎么这么好，在全世界开店呢。”

经过漫长的 20 年，那些背着书包的学生如今已经当了爸爸妈妈，那些原来的爸爸妈妈，如今有可能都当爷爷奶奶了。整整两代人，被灌输了麦当劳对食品安全要求苛刻的思想。这就是当麦当劳食品安全问题被曝光后，大众消费者没有太大的情绪波动的原因。

麦当劳还有一个保障食品安全的辅助措施，不过这个措施的实施是被中国顾客逼出来的。麦当劳要求员工进入产品生产区之前，必须清洁双手，但麦当劳当初进入中国市场的时候，门店并没有设立单独的洗手池，所以麦当劳的员工也是在公共卫生间洗手的。有的员工上完卫生间，没有洗手，就去制作食品而遭到顾客投诉。后来为了改变这个现象，麦当劳就在生产区的大门口设立洗手池。结果又有顾客投诉，员工进后厨怎么不洗手呢？后来经过几次改良，才有后厨大门外设立消毒器的这一措施，目的是让顾客清楚地看到所有工作人员在进入食品生产区之前，都是经过消毒的。

3.8.2　将产品或服务做到极致

一提到百年老字号餐饮品牌，人们第一个想到的恐怕就是全聚德了，下面我们就来说一说全聚德的品牌营销。

我们都知道，全聚德最出名的菜品就是烤鸭，但提到它的装修、服务、管理等问题，大家似乎没有什么印象，原因就在于这个品牌的营销侧重点就在一道主打菜品——烤鸭上。就像海底捞主打的不是火锅而是服务一样，当一个餐饮品牌出现在公众面前时，如果它总想把装修、服务、菜品、管理都做到极致，那么结果就是顾客什么都记不住。

全聚德对烤鸭这道菜的包装是全方位的，从鸭子的品种、养殖、挑选、烤制配方、烤制技术、烤制工艺、出品标准及切片工艺，都做了全面的说明与宣传，并附加历史悠久及御用国宴品牌等光环。全聚德在餐饮圈、全国乃至全世界，知名度都远超其他餐饮品牌，就是因为它聚焦于产品的知名度营销，并在这方面做了几十年深耕工作。

全聚德还采用多个维度来传播烤鸭这道菜。从媒体推广到企业文化传播，让公众从视觉、听觉及嗅觉上全面了解烤鸭这道菜，最终提高了整个品牌的知名度，这也许就是我们现在所说的工匠精神吧。

3.8.3 为产品正宗做背书

有些商家在推销菜品的时候，都会宣称自己的菜品如何如何正宗，以此来向顾客传达自家产品的价值。但在宣传的过程中，有的商家无法自圆其说，很难让顾客信服，往往说得越多，顾客就越觉得商家是在欲盖弥彰。所以，“正宗”不是商家自己说出来的，也不是宣传出来的，而是让顾客自己感觉出来的。

首先，我们说说食材正宗。很多餐厅都想通过菜单及服务员的话术来证明自己的食材是千挑万选的，但现在的顾客很难相信这一点，我认为若能采用图片的形式宣传，或许效果会更好。

然后，我们说说工艺正宗。工艺正宗一般很难体现出来，主要通过专业设备来体现，举个咖啡厅的例子来说明：我有一个朋友要开一个咖啡厅，他在挑选咖啡机的时候，看到有两个款式差不多的咖啡机，但价格差了 10%，二者的区别就在于，一个外壳比较漂亮，一个外壳很普通。从成本的角度来看，商家应该考虑便宜的那款，但从营销的角度来看，多花 10% 的钱是有必要的。

所以，“看起来是否正宗”就成了评判咖啡是否正宗的依据，而设备看起来是否专业就是其中的一个重要依据。顾客的逻辑是：因为设备看起来专业，所以制作工艺就正宗，最终制作出来的咖啡肯定好喝。因此，设备看起来专业就成了顾客再次光临的理由之一。

3.8.4　跨界营销

很多大型品牌都会出“联名款”，餐饮圈也不例外。最常见的就是餐饮商家与啤酒厂商合作出联名款产品，这种做法实际上收效甚微，无法有效地带动市场。据我观察，国外餐饮品牌在这方面做得最好的就数达美乐了，下面我们分析一下它的跨界营销。

我们先要知道联名款产品的意义何在？其实目的只有一个，就是通过联名，将两个品牌的顾客资源共享，产生新的消费热潮，同时通过这个方法，将两个品牌的顾客忠诚度提高。

接下来，我们说一说 3 种具体做法。

（1）初级联名款：就是我们所说的产品贴牌，这种方式在国内比较常见，就是一个餐饮品牌与一个食品供应商合作，在其产品外包装上印上自己的 logo，比如专属啤酒、专属月饼、专属半成品食材等。不过，我认为这样做的意义不大，但大部分餐饮人做跨界营销仍喜欢采用这种做法。

（2）中级联名款：这个主要是关于衍生品的战略合作，大家最熟知的就是麦当劳与迪士尼合作的玩具。我记得当年出过一套史努比系列玩具，一周出 3 款，大概 30 多个，每天都有人为了那些玩具而买十几个儿童套餐。当时因为某种原因，在中国因玩具货源不足而断货，一个玩具能炒到上千元，那时的大众就像今天对待盲盒一样疯狂。

（3）高级联名款：就是我们所说的无限跨界，比如，达美乐与汽车企业、Supreme 一起做衍生品跨界营销。

大家想一想，一个比萨外卖品牌自行研发各种“奇葩”外卖汽车，到底意义何在？难道是一种超前的战略眼光？我认为目的只有一个，就是吸引主流消费群体的眼球。它的主流消费群体都是追求时尚的年轻人，为了能成功吸引他们的眼球，商家做的事情必须够“奇葩”。所以，对于这些外卖汽车，达美乐不用真正地去做什么研发，只要有创意就可以了，这才是它营销的本质。

达美乐与 Supreme 的合作，并不需要将产品投放市场，目的只是借助 Supreme 潮牌的标签定位，来提升达美乐这个品牌在顾客心目中的品牌价值感与含金量，吸引时尚的年轻人的眼球。

3.9 加盟营销

我研究营销好多年，发现其中最重要的两个营销方式就是利润营销和加盟营销。利润营销是利用短线快速获取利润，而加盟营销则是利用长线持续获取利润，前期赚取加盟费，中期赚取供应链利润，后期赚取管理费。加盟营销所涉及的知识很多，这里我只说加盟营销的“冰山一角”。下面我们就通过具体实战案例来进行分析与学习。

3.9.1　利用道具精准营销

我们在做营销的时候，有 3 个很难解决的问题：第一个是成本问题，因为大部分营销都是广撒网式的，其中会有 80% 的营销成本被浪费掉；第二个是精准问题，精准营销在高质量客户中很难产生效应，因为他们对品牌太熟悉了，所以很难做深度的营销；第三个是营销深度，一般营销越有深度，越难被顾客解读。

下面我们就讲一个关于精准营销的案例。

首先，我们设计一套赠品卡：当顾客达到一定消费额时，奖励他一张卡，一套共六张，如果集齐一套赠品卡，那么赠品就可以翻倍，这是基本规则。很多人都以为这是锁客道具，如果真是这样的话，那这个套路就太浅了。其实，这套卡是加盟营销用的道具。

其次，我讲解一下赠品卡的设置原理。

正面：

（1）品牌 VI 及 logo、门店信息及使用范围。

（2）持卡到店，免费兑换图片中的产品一份。

（3）本卡不兑换现金，不积分。

（4）丢失不补，图片仅供参考，以实物为准。

反面：

（1）产品实物图片（每张卡一个）。

（2）突出左上角“免费”二字及背景三角（顾客自行剪角作废）。

（3）产品销售数量及售卖周期（产品销售数量以年为周期来统计最合适，而且产品销售数量不要写整数，有零有整显得更加真实可信）。

注意事项：

（1）不要写有效期，如果人家一年后来兑换，顾客当初为了集齐这套卡也花了不少钱，再说你用一张一年前的券，赚一个回头客，也不亏。

（2）不要写“不能与其他优惠同时使用”，这是顾客最忌讳的。

（3）文字越多，阅读量越低，有用的写，没用的不要写。

（4）卡片材质一定要好。如果是一张 A4 纸大小的宣传单，成本只有几分钱，那么 99% 的顾客都会随时扔到垃圾桶的。

（5）做成名片大小，彩色印刷，200 克以上的铜版纸，双面覆亚光膜，这样效果最好。

最后，我们想一想，加盟商大部分来源于哪里？网站？展会？都不是，而是店内顾客。还有一个问题：什么样的顾客最容易加盟呢？一般都是人均消费额高、消费频次高的顾客。因为他们对你的品牌满意度最高，对你的品牌也最了解，所以加盟的信心最大。那么，你怎么让他们下决心加盟呢？这时这套赠品卡就该出场了。

（1）根据产品销量，我们知道了顾客人均消费额或桌均消费额，用这个金额乘以 1.5 倍，凡是达到这个金额的，就免费发给他们一张赠品卡，就说可以免费兑换商品。

（2）不要做任何宣传，也不要让所有顾客都知道，否则那 80% 的顾客（非高质量客户）也会来要。

（3）顾客看到的不是免费的赠品卡，而是上面的销售数字。他再看看你的单品价格，自己一计算，就会发现“老板真挣钱”。等下次他又消费了这么多，你再发给他一张不一样的卡，他就会想“老板挣了多好钱啊”。一般发出三张卡后，就会有不少顾客动心。

3.9.2　取名字要利于传播

餐饮商家在做营销的时候，大部分都是靠口碑传播的，不管你的餐厅有多华丽，菜品有多美味，服务有多周到，当你的顾客向其他人说起来的时候，首先提到的就是品牌的名字或商家的店名。所以，品牌的名字至关重要。现在市面上餐饮品牌的名字五花八门，下面我们就站在营销的角度来说说取名字的学问及技巧。

首先，取名字的时候，不要哗众取宠，要考虑到口头传播的便利性。所以名字中最好不要有生僻字、多音字及多笔画字，这样不方便记忆，也不利于快速传播。

其次，名字的字数要有严格的限制，最好在 4~7 字之间。因为 4 字以下，很难明确说明你的品牌与品类，而名字若超过 7 字，多一个字，顾客的记忆速度都会慢一倍，相应的传播效率也会降低一半。

最后，名字要有趣味性，让人读起来朗朗上口。而且，取名字时要遵循一定的原则：带有侮辱性质的名字、包含名人姓名的名字、带有色情意味的名字、违反国家政策法规的名字，以及与知名品牌雷同的名字，这些都应尽量避免。

第4章 互联网营销

营销分为线上营销和线下营销，大众比较熟知的是线下营销。随着时代的发展，线上营销也越来越流行，主要包括抖音营销、微信营销及其他线上媒体的营销等。下面我们通过大量的案例分析来阐释一下线上营销的原理与技巧。

本章的主要知识点有：

（1）战略营销

（2）微信营销

（3）粉丝营销

（4）热点营销与趣味营销

（5）网红人物营销

（6）网红菜品营销

4.1 战略营销

很多餐饮品牌在初创时拼的多是地理位置、菜品质量、餐厅环境等，后期等规模扩大后必然走向连锁。而连锁企业之间的竞争，拼的就是战略了，尤其是营销战略。下面我们就通过具体实战案例来进行分析与学习。

4.1.1 全方位营销

营销是很多大型餐饮连锁企业非常重视的一项工作，国内将营销做得最好的餐饮企业当数海底捞了。

很多人对于海底捞的印象是服务好，而不是产品营销，这就体现了其营销策略的高明之处，因为营销的最高境界是“不营销”。

下面，我们来看看海底捞都做了些什么？

（1）极致的服务：这个属于品牌营销，也叫标签营销，就是让大家因为一个突出的特征而记住这个品牌，并在消费的时候首先想到这个品牌。海底捞便是通过提供极致的服务让顾客记住了它。

（2）海外开店：这个属于背书营销，也叫光环营销，海底捞从一个国内品牌一举成为世界知名品牌，反过来，国外门店也给国内门店带来了更高的知名度。

（3）开设外卖业务：大家都知道，外卖火锅其实很难做，海底捞经过努力，效果也不太好，但毕竟所有的餐饮品牌都在做，如果自己不做，就会流失很多客户。所以，外卖业务是一定要开设的，同时也可以为企业上市做出数据上的贡献。

（4）趣闻分享：一般以事件营销的方式展示，目的是通过品牌门店内发生的事件来写营销软文，以此来推广品牌或产品。

（5）创立子品牌：这个从大方向来说属于品牌营销，从小方向来说属于子品牌营销，目的是利用现有主品牌的知名度带动子品牌的销量，从而快速实现盈利。

（6）上市营销：这是海底捞做得最好的营销，可以和品牌营销相媲美。它通过门店提高品牌知名度，再通过知名度带动火锅底料的销量与渠道拓展，最终利用供应链上市。

（7）卫生严控：这个属于信任营销，和麦当劳、肯德基一样，深耕信任度，并通过媒体大力宣传，避免公共卫生事件给品牌带来毁灭性的打击。

（8）异业合作：这个属于异业联盟营销，即和产品上游供应链中的一些大品牌进行合作，利用它们品牌自身的知名度来给海底捞做背书，同时将其品牌现有的顾客向海底捞导流。

海底捞做了那么多营销，但其中最核心的营销策略我认为只有两个：以服务为标签的“品牌营销”和以供应链为切入点的“上市营销”。为什么那么多品牌都在学海底捞，但至今仍没有一个超越海底捞的呢？就是因为很多商家或品牌被海底捞“营销”了，以为它只是服务做得好，岂不知服务只是它品牌营销的“外衣”而已。

4.1.2 精准营销

除了海底捞的全方位营销，还有一个品牌也经常被大家提到，那就是西贝莜面村。我们知道西贝莜面村近几年发展得比较快，主要得益于它的品牌知名度，而这样的发展速度是和西贝莜面村对顾客的精准营销分不开的。

首先，西贝莜面村分析了顾客的年龄，再通过年龄分析人物画像，比如爱好、生活轨迹、社交方式、阅读习惯、兴趣点等，进而了解顾客是通过什么 App 或网络平台来获取信息的。

然后，在大量的 App 或网络平台中，找到粉丝热度最高的几个，比如，微信、知乎、今日头条、微博、秒拍、大众点评，以及官网或其他搜索引擎等。

微信：即时通讯 App，以微信公众号、微信朋友圈、微信群为核心，直接精准地与顾客对接，传递营销信息。

知乎：年轻人的学习平台，将品牌与知识相结合，抓住年轻人的眼球。

今日头条：将娱乐新闻与品牌营销相结合，向年轻人提供娱乐资讯。

微博：个人微传记平台，利用年轻人每天的碎片化时间，增加品牌曝光度。

秒拍：用简短的信息来向年轻人传递品牌信息。

大众点评：利用第三方的公信力来增加品牌的美誉度。

官网：当顾客想了解品牌时，以最简便的方式让他们找到。

其他搜索引擎：在网络媒体、论坛、贴吧、问答平台及自媒体中通过搜索关键词向年轻人传递品牌信息。

最后，我们来看一下，西贝莜面村精准营销的最大特点不是信息多元化，而是单个信息多渠道精准投放，让顾客在不同渠道重复获取同一个信息。这种精准投放式的营销方式，可以牢牢地抓住顾客。我觉得，这种方法值得大家借鉴。

4.2　微信营销

随着移动互联网的发展，现在很多网络应用已经从电脑端转到了手机移动端。如今被人们应用最广的就是微信了，所以微信营销就成了互联网营销的一个重要组成部分。由于微信营销的发展时间不长，大部分餐饮从业者还都处在似懂非懂的阶段。大家一般认为发发广告、建个微信群、做个公众号就是微信营销了，但结果在实现盈利方面收效甚微。下面我们就通过具体实战案例来进行分析与学习。

4.2.1　朋友圈抽奖

很多餐饮商家刚开一两家店时，就来问我要不要做公众号营销。我说不用，只要经营好朋友圈和微信群就可以了，但实际上很多餐饮商家都没有很好地经营朋友圈和微信群，经常是在朋友圈发广告，在微信群也发广告，甚至一对一地发微信广告，从来没想过做一个互动式的微信营销。我认为，它们应该把朋友圈、微信群、一对一微信这三者结合起来使用做一些抽奖活动，下面我就来介绍一下具体的做法。

首先，我们要在朋友圈及微信群发布活动规则及广告信息。

其次，将活动规则及广告信息发到朋友圈及微信群后，为了让大家积极参与，最好先发几个红包，比如发 100 个 10 元的红包，当红包数被领到一半时，再发布广告信息用来互动。等红包全被领完了，再发一次广告信息。5 分钟后，再发 100 个 10 元的红包。每天下午 2 点或晚上 8 点发，连续发 7 天。

最后，发朋友圈让大家点赞，抽取其中的点赞者为中奖人员；活动到期后，让大家截图再次发到朋友圈及微信群，然后公布中奖信息；一对一微信联系中奖人员领奖。这时，我们可以要求大家转发此活动的截图领取礼品。朋友圈及微信群的人气越高，传播力度也就最大。

4.2.2 抱团来做营销

我们经常说“同行是冤家”，因为客流有限，大家会为了生意而抢夺有限的客流。但是，如果这个商圈本身客流就很少，不管大家争夺得多么激烈，大部分商家都无法实现盈利，那么与其争抢，还不如抱团来做营销，先不考虑能否把商圈里的顾客拉进自己的餐厅，先考虑能否把周边的顾客拉进这个商圈中。

我们来看一个案例，四川有一个条幅网红一条街，起初这条美食街的客流比较少，每个商家的生意都不好，后来它通过微信营销增加曝光度，再后来很多商家合起伙来做了一个条幅营销，成了热门事件。很多人从远处来到这条美食街，只为一睹条幅营销的盛况，一时间整条街熙熙攘攘，每个商家都从中得到了好处。

接下来，我们看一看这个活动是怎么做的。

第一天：一个商家挂出“其实我也不知道为什么，突然想要拉一个条幅”。

第二天：旁边的商家挂出“我也不知道为什么，他拉条幅我也想拉”。同时，这个商家组织周边的商家利用微信朋友圈来预热，引起少量围观。

第三天：又有一个商家挂出“我也不知道为什么，只想来凑个热闹”。

第四天：已经有不少年轻人开始关注这个事件，并通过微信群及朋友圈转发此消息，很快网上开始传播这条消息。

第五天：一个商家挂出“我也不知道为什么，我和他们莫啥关系”。

第六天：一个店面比较大的商家挂出“我也不知道为什么，就是要比他们多一条”。

第七天：这个事件持续发酵，已经引起了很多年轻人到此一看的冲动。此刻已经引爆了以微信为核心的其他传播媒介，如微博、抖音及口碑传播。

第八天：其中一个居中的商家挂出“我也不知道为什么，就像把队形走好”。

第九天：为数不多的一家还没挂条幅的商家挂出“我也不知道为什么，本来不想挂的”。

第十天：最后一个商家挂出“吾亦不知为何，大丈夫岂能甘于人后”。

自此，一条网红街从此诞生了，这就是抱团营销的经典案例。

我们来梳理一下这种营销方式的思路。首先，抱团营销要有众多商家事先联合起来，如果中途没有继续下去，那么整个营销活动将功亏一篑。其次，营销活动要有持续性，不要一下把所有的条幅都挂出来，否则就不会产生持续的营销预热及升温的效果。最重要的一点是，每个条幅的文案要有连贯性，大家有没有发现，除了最后一个收尾的条幅，前面的条幅前半句都是“我也不知道为什么”，但此案例比较特殊，尤其是在营销活动推进的过程中有很多不可控的因素，所以需要事先做好充分的沟通，才能真正地把这个抱团营销落地。

4.3 粉丝营销

如今这个时代，粉丝成了所有餐饮品牌都在争夺的资源。大多数餐饮品牌都会采用这两种方法来吸引粉丝：一种是被动吸引，即全凭顾客自己的意愿，这种方法的缺点是吸引粉丝的速度很慢；另一种是主动吸引，即提供各种优惠、各种福利，这种方法的缺点是还没挣钱，却先要支付一大笔不知能不能赚回来的营销费用。其实这两种方法都不是很好，这里我介绍几种不花钱或者花钱少效果还好的方法。为什么这么说呢？因为我介绍的方法不是吸引粉丝，而是让顾客成为我们的粉丝。下面我们就通过具体实战案例来进行分析与学习。

4.3.1 利用公众号做营销

绝大多数餐饮品牌都有自己的公众号，但公众号经常被滥用，这也是它们的通病。滥用的原因是，大家虽然都知道公众号有用，但都没真正搞明白怎么用，我认为公众号最大的价值不是吸引粉丝，而是粉丝变现。

首先，我们要知道关于公众号的两个基础知识。

（1）公众号的粉丝分为四大类：因有优惠活动而关注，之后便取消关注的粉丝；只充人数不消费的粉丝；有优惠活动就来，来了，消费额也不高的粉丝；忠诚度、消费频次、消费额都很高的粉丝。

（2）公众号粉丝变现的流程：线下餐厅顾客 → 普通顾客 → 高级顾客。

公众号的作用是让餐厅顾客在一个平台中沉淀，然后商家通过营销让这些普通顾客回到线下实体店（或外卖）进行高频、高额、高忠诚度的消费（高忠诚度是指他会帮商家主动传播，给商家带来更多新的顾客）。

其次，公众号的作用应该是把普通顾客变成高级顾客。

下面我们来分析一下公众号应该具有的四大功能，以及每个功能相对应的营销目的：

（1）点餐结账

（2）会员积分

（3）投诉及优惠

（4）兴趣内容

最后，要记住，如果微信公众号点餐结账的功能不被顾客接受，那么使用公众号点餐与结账就会变得画蛇添足，如果强制使用，就会流失顾客，具体请看下一小节中说到的营销技巧，这里不过多展开。

我就重点说一个："兴趣内容"这个功能界面经常被餐饮商家用来宣传"企业文化""企业荣誉""产品介绍""加盟推广""优惠活动"等，所以当顾客点开这个界面的一瞬间，就会有种看垃圾广告的感觉，最终导致它的点击率不高，营销效果很差。我认为，营销的目的是让顾客认同你，只有认同你，他们才会来消费，所以你要站在顾客的角度来表达他们的感受。

这里，我建议这个界面应设置为这种结构：当地的娱乐信息 / 头条 /

小知识（占 80%）+ 优惠活动介绍（占 10%）+ 企业软广告（占 10%）。当顾客打开这个界面后，就会感觉是在看娱乐信息，当顾客产生阅读兴趣时，才会接受优惠活动介绍和企业软广告。

4.3.2 引导顾客成为你的粉丝

粉丝营销里面有很多技巧，但很多人最头疼的是营销的第一步：如何加粉丝。很多公众号加粉丝都是通过当地大 V 公众号来发布优惠信息，然后鼓励非特定人群成为粉丝的，不过这种方式有 3 个弊端。

（1）大 V 公众号的粉丝导入率很低。虽然大 V 公众号有十几万或几十万个粉丝，但你的营销软文浏览量也可能不到几万人次，被引流到你的公众号上的粉丝也许只有几百个甚至更低，因为餐饮圈推这种广告的品牌太多，所以阅读量很低。

（2）粉丝到店转化率低。大 V 公众号将粉丝导流到你这里，最终到店的人数可能只有粉丝数的 10%，也就是几十个粉丝而已，原因可能是他们不喜欢这个品类、优惠力度不够吸引人、地理位置较远、当初只是随手关注等。

（3）粉丝忠诚度低。到店里来的这几十个人，没有什么忠诚度，当初也是冲着大幅度优惠活动来的，后期可能又去享受其他品牌的优惠活动了。

那么，如何避免出现以上 3 种情况呢？我们需要考虑粉丝的来源。那些忠诚度高、折扣需求低、捕捉率高的粉丝多数来自门店，但门店每天顾客那么多，怎么去吸引粉丝呢？其实吸引并不是最好的手段，采用引导的方式将顾客转化为粉丝才是最好的手段。

接下来，我们说一下具体的方法：现在公众号的功能已经非常完善了，主要有排号、点餐、结账、开电子发票、发放优惠券、投诉等功能。我们要利用这些功能把顾客强制转化成粉丝。

（1）排号。当顾客排队的时候，给他们发放号码，并告诉他们："过号重排，如果您不想在门口等候，可以扫二维码，若是您的号到了，会员系统会自动提醒您。"

（2）点餐。在用餐高峰期，顾客如果叫你点餐，恰好服务员正在给另一桌点餐，这时你可以告诉他："请您稍等，您若着急也可以选择扫码点餐，又快又方便！"因为这时服务员正在为另外一桌顾客点餐，所以这桌顾客也不会很抱怨。用餐高峰期的顾客都没有太多耐心，所以扫码点餐成功的概率很高，顾客通过这种方法就会成为会员。这里还有个技巧，就是降低人工点餐的速度，这样更有利于引导未点餐的顾客成为你的会员。

（3）结账。这里有两个核心技巧：一个是建议顾客自己扫码结账；另一个是在结账里设置优惠选项，告诉顾客扫码结账有惊喜，比如抹零、抽奖、领取优惠券等。

（4）开电子发票。如果顾客需要开发票，你可以在结账的小票上设置一个二维码，跟顾客说扫码就可以在里面领取电子发票，既方便，还不会丢，并且一个月内随时可以开电子发票，这样顾客肯定会扫码成为你的会员。

（5）发放优惠券。在点餐时告诉顾客扫码点餐送两张优惠券，今天就可以用一张，这样顾客会为了使用当天那张优惠券而成为你的会员，第二张是下次就餐时使用的优惠券，这样就可以让他为了这张优惠券而成为回头客，下次就餐时再自动发一张优惠券，继续引导他第三次到店，等到发第三张优惠券时，你就建议他不如办张会员储值卡。

（6）投诉。我们经常会碰到客户投诉的情况，我们建议他扫码后在公众号里投诉，并告诉他，这是老板每天必看的，向店长投诉不如直接向老板投诉更有效。不过，对于线上投诉，一般不会有人立即回复。也就是说，他在公众号上发发牢骚，过一会儿气消了，事情也就好解决了。

按照上述方法来操作，顾客很难不成为我们的会员。如果他依然没有成为我们的会员，那只有两种可能：第一种，他已经是会员了；第二种，他是我们的竞争对手。

最后，大家要记住，二维码不止桌子上有，应该在顾客想扫的时候随时都可以扫到，所以三个位置一定要有：大门口、餐桌上、收银台，除此以外，最好在结账的小票、宣传单、外卖平台等上面都加上二维码。

4.3.3 娱乐式营销

推销会员储值卡，是餐饮商家惯用的手法，主要用来锁客及回笼资金。为了激励顾客充值，商家都会给出很多优惠条件，但是，活动力度小了，顾客不感兴趣，活动力度大了，商家又不赚钱。我们可以做一个极端的假设：如果奖品大到无人可以领取，这样既有让顾客传播话题的营销热点，又不用支付兑换奖品的成本。

下面，我们来看一个案例：在东北的某个城市，有一个商家搞的充值活动引起了大家的兴趣，并带动了餐厅的口碑传播。

具体活动是：充 50 万元会员储值卡，赠送奔驰 smart 轿车一辆。工作人员表示，只要顾客在储值卡中存入 50 万元，就可以把餐厅门口价值 15 万元的 smart 轿车开回家。

可想而知，活动一推出便获得了巨大的关注。由于活动所涉及的金额巨大，很多顾客不会贸然参与，这就是我们说的，当奖品大到一定程度时，就不用兑换奖品了，同时还能产生事件营销的传播效果，这就是品牌营销。

我们要把这种活动的奖品放在餐厅内或餐厅外最显眼的位置，否则很容易被人质疑，毕竟大家都能猜到这个营销活动的目的。当质疑声多了，就会产生不良影响。所以，商家一定要把奖品呈现在公众面前。

4.4 热点营销与趣味营销

热点营销与趣味营销的特点是顾客的参与度高，而这两种营销方法对营销策划者提出了更高的要求，即策划者要对当下顾客喜好的热点内容十分敏感，否则很难产生好的效果。下面我们就通过具体实战案例来进行分析与学习。

4.4.1 关注当下热门话题

设置活动主题的时候，要了解顾客关注的当下最热门的话题，然后紧扣话题来设置活动主题，这样更能吸引顾客的眼球，并将此作为传播的突破口。

我们先说一个案例：有一家餐厅，它的顾客以年轻人居多，老板发现来就餐的顾客以年轻人为主，基本上都是情侣或异性朋友。当时电视及网络上兴起了一种主题电视剧，就是高富帅的男主人公爱上小巧玲珑的女主人公，这种桥段成了那时年轻人关注的焦点。

所以，这家餐厅便设置了一个“最萌身高差”的活动。顾客进店后，服务员将男生与女生的身高差作为打折的参照，分为三个档，身高差越大，折扣就越大。这个活动一时成为周边年轻情侣茶余饭后的谈资，吸引了大批的情侣前来体验、就餐。

这种热点营销的时效性很强，所以活动的时间不要太久，短则一周，长则不要超过一个月。因为年轻人的兴趣变化很快，而且没过几天，他们就有可能更换话题了。如今，这种热点并不缺乏，所以大家要时刻关注顾客的喜好，抓住其中的营销机会。

4.4.2 精准定位顾客的兴趣点

我们在做趣味营销的时候，一定要先搞清楚我们的顾客喜欢什么，让他们参与、体验，只有这样，才能吸引他们的眼球，以此提高餐饮品牌或商家的知名度。

要想了解顾客的喜好，我们就要在餐厅好好地观察顾客。比如，顾客的年龄、就餐人数及就餐目的等，只有这样才能精准定位他们的兴趣点，并以此制订精准的营销方案。

我们先说一个案例：在太原一家火锅店内，许多顾客排队等待量身高。因为在这个餐厅就餐，个子越高，折扣越大。这一举措吸引了不少人前来就餐。凡是进店的顾客都要脱掉鞋，量出准确的身高。身高 1.8 米以上的女性和身高 1.9 米以上的男性均可享受不同力度的打折优惠活动。

这个活动就是通过观察顾客的特点来设置营销主题的，即年轻人居多，而且是多人聚会，此次活动的目的是不但要引起他们的兴趣，而且要使部分人为了显示自己的身高优势而来此就餐，同时通过这些人带动他周边的朋友一起过来消费。

当时策划方将这个方案推荐给一些餐饮商家的时候，他们担心很多高个子的顾客经常光顾，会不会使自己赔本？其实不必担心，高个子的顾客也会给其他就餐顾客带来一定的好奇心，从而帮助商家引流。再说，每档的身高标准是由商家来定的，所以可以灵活调整。

4.5　网红人物营销

抖音视频孕育了不少网红，这些网红具有很强的传播力度，对抖音营销起到了很大的作用。有不少餐饮品牌靠着抖音营销一夜火遍大江南北，达到了其他餐饮品牌通过常规方法不可能企及的知名度。

现在自媒体比较流行，比如抖音、火山、快手等孕育出了不少网红，而网红具有很强的传播力度，于是就出现了很多餐饮商家自己做的自媒体短视频。

不过，我们要知道并不是所有的餐饮品牌都适合找网红代言。

首先，这个品牌不能是一个老品牌，应该是一个新品牌，如果是一个全国连锁的品牌最好，如果不是，那么这个品牌最好在一线城市或者旅游城市有自己的门店。

其次，要根据商家的需求来设定网红在品牌营销中的角色和位置。商家要根据宣传的目的设定职位，再根据职位设定网红的风格。

最后，我还要强调一点，不管你的品牌知名度有多大，网红代言人只能有一个，因为品牌营销中的网红人物越聚焦，营销效果就越好。

4.6 网红菜品营销

网红菜品营销是从抖音营销中分离出来的，这种营销方式比网红人物营销更高级。我们之前的策略是通过抖音视频带动网红人物，让网红人物带动门店客流，再让客流带动菜品销售，而网红菜品营销是直接将流量转化为菜品销量。下面我们就通过具体实战案例来进行分析与学习。

4.6.1 设计隐藏菜单

我们在其他案例中也说过，年轻人有求新、求奇、求特的心理需求，所以要想调动顾客（主要是年轻人）的主动性、积极性比较困难，下面这个案例就是利用年轻人的求特心理来做的一个营销。

针对年轻人的求特心理，给他们一个展示自己与别人不同的机会。这是引导年轻人来消费的其中一个理由，CoCo奶茶设计了一个隐藏菜单，去CoCo买奶茶时，顾客只要说出焦糖奶茶四个字，店员就会笑着告诉他："你说的是网红奶茶吧！"

这个产品其实并不新奇，配方就是：焦糖奶茶+布丁+青稞+无糖+冰，但只要你不说出点单口令："焦糖奶茶+青稞布丁"，店员是不会告诉你这个"神秘配方"的。

既然是不能说的"秘密"，那商家又是怎么把信息传递出去呢？这就用到了顾客常用的两个社交软件：抖音和微信。起初，商家通过事件营销的方式，在这两个平台大力传播该消息。很多顾客都是为了在奶茶店诸多顾客中说出口令，然后看着旁边的顾客一头雾水地在水牌上傻傻寻找，以此来标榜自己的特别之处，从中获得快感及成就感。

当顾客完成了神秘的隐藏菜单点单后，他就会标榜自己很特别。于是，他会在这种心理的驱使下发朋友圈或抖音视频，进行下一轮传播。店内的其他顾客发现这个事情后也会按隐藏菜单点单，同时他们还会通过朋友圈或抖音进行传播，以此类推，形成病毒式传播，让 CoCo 奶茶一夜之间火遍年轻人的圈子。

4.6.2　打造网红吃法

商家在做以菜品为核心的营销推广时通常会着重看两点：一是新菜品，二是菜品折扣。海底捞则另辟蹊径，通过抖音及朋友圈，将一些不太容易销售的菜品卖出去。它是怎么做到的呢？下面我们就来分析一下。

首先，我们要知道，那些菜品顾客为什么不愿意点。之前说过一个原因——太贵，还有一个原因就是难吃。另外，还有一个最让人头疼的原因，就是又贵又难吃。

于是，海底捞想出了一个办法，就是给顾客提供一个自己动手制作（DIY）的机会，但其中必须用到一部分又贵又难吃的食材，否则无法完成。当顾客喜欢上这种 DIY 的体验感时，就会弱化对自己不喜欢的菜品的厌烦感。

接下来，我们来看看海底捞是怎么做到的。

先设定网红吃法，然后通过抖音进行宣传。DIY 产品中不涉及新品，而且很多都是用免费菜品制作出来的，具体做法如下：

1）DIY 网红秘制调料

配方：辣椒油 + 泰国椒 + 豆花酱 + 葱 + 蚝油 + 盐 + 花椒粉 + 芝麻调和油，+ 牛油

目的：在不花钱的情况下，通过调料台上这些免费的调料 DIY 一个特殊的网红调料，很多顾客为了体验新奇，希望在就餐中成为引人关注的焦点，就会尝试着去海底捞就餐，那样自己就有大显身手的机会了。

2）DIY 鸡蛋虾滑油面筋

配方：鸡蛋 + 虾滑 + 油面筋

目的：虾滑的点击率较高，但利润大的鸡蛋及油面筋的点击率较低，顾客点了虾滑之后，只要再加一份鸡蛋和油面筋就可以了，通过 DIY 来带动点击率很低的高利润产品的销量。

3）DIY 网红牛肉饭

配方：番茄 + 牛肉饭

目的：牛肉几乎是每桌必点的菜品，而米饭一般很少有人点，因为吃火锅时，主食类的产品都是最后被考虑的，其贡献率也比较低。海底捞之所以 DIY 这个产品，就是为了让顾客吃到最后，点上几份米饭。当顾客点了牛肉后，为了制作这个网红产品，多少都会再点米饭。

最后，我要说一下，不是所有的餐饮品牌都能使用这种营销方法，大家可以根据实际情况来考虑自己家的产品是否可以使用。

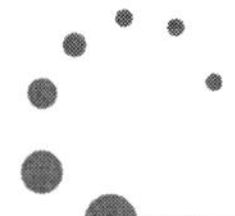

第5章 节日营销

节日营销是大多数餐饮企业或商家每年必做的事情，但很少有人系统地梳理过这些营销策略。所以，在这一章我们主要讲述关于节日营销的一些内容。

本章的主要知识点：

（1）节日营销的基本策略

（2）节日营销的广告设计

（3）法定节假日营销

（4）非法定节假日营销

（5）外来节日营销

（6）互联网节日营销

（7）二十四节气营销

5.1 节日营销的基本策略

营销要想落地效果好，就要在前期进行详细的规划，比如营销时间的设置、营销策略的制定以及营销策略的实施等都要考虑到，下面我们就来看看这些具体内容。

5.1.1 营销时间的设置

餐饮企业或商家在制订营销方案的过程中，应根据营销的 5 个要素来确定营销时间，只有时间对了，营销效果才能发挥到极致。这 5 个要素分别是针对性、可操作性、持续性、连贯性、计划性。

（1）针对性。根据本年的营业额，并结合企业或商家的销售目标来确定明年的营业额。再根据营业额及历史数据之间的差距，确定每月的营销策略及主题。

（2）可操作性。提前撰写节日营销方案，并对其可行性进行调研及论证，以此保证营销活动的成功率，并将活动的反馈信息作为今后此类活动的参考数据。

（3）持续性。每个活动都有一个生命周期，我们应该考虑到，此活动要对节日前后的整体营业额有一个持续的提升。

（4）连贯性。要考虑到节日营销活动是否可以良好衔接，既不能中断，也不能冲突。

（5）计划性。综合前四个要素来看，制订营销计划的时间应至少提前两个月。

综上所述，我们可以明确地知道，餐饮企业或商家的营销方案应该提前做好准备，只有这样才可以实现有计划的调配和采购，达到成本最小化、利润最大化的目标。

营销的目的一般有三个：一是提升营业额和品牌知名度；二是赢利；三是打压竞争对手。

5.1.2　营销策略的制定

要制订年度营销计划，首先就要将第二年从 1 月 1 起到 12 月 31 日之间所有的节日罗列出来，然后根据节日与节日之间的间隔及特点进行串联。同时，将那些不适合自己品牌的节日剔除或弱化，重点关注那些和自己的品牌及产品契合度高的节日。如果遇到两个节日重叠的情况，要么合并，要么剔除其中一个。

如果两个节日之间的时间间隔过长，那么就要找一些临时性的营销活动进行填充，避免两个节日之间的时间间隔太长。

我们先按如下标准对节日进行分类，具体的操作方法将会在后面的章节中展开说明。

- 法定节假日
- 非法定节假日
- 外来节日
- 互联网节日
- 二十四节气

在做节日营销时，大多数商家会遇到一个无法逃避的问题，即中秋节和国庆节这两个重要的节日（简称“两节”）之间该如何衔接、如何组合营销。下面我们就着重说一下如何解决这个问题。

1. 看是否能提升营业额（“两节”的整体营销）

如果目标营业额容易完成，那么就采取常规的营销手段，在保证营业额的前提下将营销效果做到更好；如果目标营业额很难完成，那么就采取非常规的营销手段，来突破这个瓶颈。所以，同是“两节”营销，对于不同餐饮品牌来说，采取哪种营销手段，要随机应变。对于一家开了很久的餐厅和一家新开的餐厅而言，“两节”营销的方法与手段是大不相同的，不能运用同样的营销理念。

一个成熟的中式酒楼在“两节”期间的常规营销主要是为了提升营业额，但如果它的人力及场地都有限，就会出现过度营销的情况，反而得不偿失。所以，不如把营销重点放在节后营业额的提升上，拉动节后的生意，抢夺有限的客源，从而提升国庆节后至元旦前的营业额。

2. 发放优惠券，拉动节后生意（“两节”对节后生意的拉动营销）

“两节”过后是商家提升营业额的一个瓶颈，因为节后既没有像“两节”这样大的节日主题，也没有法定节假日，这时我们就要运用非常规的营销手段与同类餐饮品牌竞争，将有限的客源吸引过来，增加餐厅的人流量，弥补营业额锐减的损失。

上面我们说了那个成熟的中式酒楼应该把营销重点放在节后，那么它该如何拉动节后的生意呢？我们可以先从“两节”营销的手段谈起，经常会有商家在“两节”期间打折或涨价，但这两种思路其实都是不可取的。与其这样，不如在“两节”期间给前来就餐的顾客发放优惠券，一般

"两节"期间的人均消费额很大，所以要发放很多优惠券。

"两节"过后，这些优惠券就会带来二次人潮，将优惠券的截止日期设定为本年有效，那么在余下的两个月里，它们将会帮商家继续拉动消费，增加营业额。

3. 把握好两个节日的主次关系（"两节"联动营销变为"三节"联动营销）

"两节"之间既有衔接，也有主次，而这种主次关系会帮助我们对"两节"营销有一个较好的把控。

中秋节与国庆节哪个是小节，哪个是大节，我们一目了然，不过，国庆节之后的重阳节却很少有人注意到。如果单做重阳节的营销，那就没有多大意义了，因为它既不是大节，也不是法定节假日。但如果我们将中秋节、国庆节、重阳节三节联合运作的话，营销效果肯定会更好。

我们先利用中秋节来为国庆节预热，让国庆节的营销提前到来，然后再用国庆节的营销余温来拉动重阳节的消费。这样的话，在重阳节我们就可大做文章了。

4. 自创其他节日，提升营业额（"两节"后的补充营销）

这种补充营销一般是指餐饮企业或商家自创的节日营销，如新店开业庆典、周年庆典、第 ×× 家连锁店开业庆典等，目的是借助独有的节日来做品牌营销，同时这也是一个"借题发挥"提升营业额的好方法。

餐饮企业或商家在"两节"之后会有一个多月的营销"空档期"，那么自创的节日就可以填补这个空缺。

5. 利用社会热点进行事件营销（“两节”后的事件营销）

这种营销是借助社会热点进行事件营销，将活动主题与社会热点相结合，搭新闻的“顺风车”，试图达到事半功倍的营销效果。

比如，北京奥运会前后，就有很多餐饮商家利用奥运主题大做文章。在北京，有一家连锁餐厅推出了一款用有机蔬菜制作的蔬菜水晶冻，并给它取名叫“水立方”，它将奥运、绿色、天然三个要素融为一体，最后还引起了新闻媒体的关注。

6. 竞争与对抗营销（“两节”后的“冷”营销）

根据区域或地域内竞争对手的动向，设定营销主题并制定营销战略，避免有限的客源被竞争对手抢走，在防守的同时还要考虑如何将竞争对手的客源抢过来。

针对“两节”之前的8月和9月，我们在做营销时可以将多个营销主题进行融合。我们需要观察竞争对手的营销策略及动向，比如，我们发现竞争对手在做“夏季就餐送冷饮”的活动，那么我们就来个“夏季就餐送绿色健康饮”的主题活动。虽然大家送的都是绿豆汤或酸梅汤，但你的主题更加时尚。顾客既吃了饭，喝了免费饮品，又时尚健康了一把，何乐而不为呢?

我们以我国的传统节日中秋节为例来阐述一下。中秋节过后紧跟着就是国庆节，这两个节日对于餐饮企业或商家来说，是一个难得的机遇，大家都开始摩拳擦掌，准备赚得盆满钵满。

说是机遇，其实也是一个巨大的挑战。也许有人会不以为然，因为每年的中秋节和国庆节，餐饮企业或商家的营业额都会有较大的提升，财务报表上的数据很好看，因此它们就认为此次营销很成功。

其实，这离真正的成功还有一段距离，我们不能只满足于“两节”期间有限的营业额提升。那么，什么才是真正成功的“两节”营销呢？它至少要满足 3 个基本条件：

（1）与去年“两节”的营业额相比，增长幅度要大。

（2）要比同类竞争对手的营业额增长幅度大。

（3）要拉动国庆节后到元旦前这一个多月的营销低谷。

能同时满足以上 3 个条件，才能算是成功的“两节”营销。

5.1.3　营销策略的实施

关于“两节”营销，我们已经做过简单介绍了，下面我们再说一下关于节日营销策略实施中的协同问题。这是餐饮连锁企业容易忽略的问题。营销部门确立活动主题后，一般是由某个人或某个部门单独运作的，但这个人或部门可能会有一些问题考虑不到，一个成功的营销活动要考虑到活动主题、成本预算、宣传策划、产品制作、原料采购及培训执行等诸多问题，如果仅由某个人或某个部门单独来做的话，往往效果并不理想。

那么，我们就要考虑由哪些部门来协同作战，由哪些部门主抓，由哪些部门协作。以某餐饮连锁企业为例，它将会涉及营销部、财务部、厨政研发部、采购部、培训部及营运部。

1. 营销部（主抓）

（1）根据节日特点，将餐厅的实际营业额、目标营业额、竞争对手及其他信息汇总，确定活动的主题及具体实施方案。

（2）将活动的流程与营运部对接，并与各店营销部对接。

（3）负责下发及回收营销用品（如易拉宝、宣传单、条幅等），并对餐厅进行布置。

（4）根据收集到的顾客意见及员工意见对此次活动进行评估。

（5）与财务部沟通营销用品的数量及规格要求，以便财务人员估算计划内和计划外的营销成本。

（6）与厨政研发部沟通新菜品的研发及拍照事宜。

2. 财务部（协作）

（1）根据公司营销部制订的方案，对各部分成本进行核算，如对原料、营销用品及礼物的成本估算，以及对活动盈亏平衡点的测算。

（2）餐厅如果使用电子收银系统，财务部还要注意电子点餐系统的升级及权限设定等问题。

3. 厨政研发部（协作）

（1）如果活动需要研发新菜品，那么研发部就要对菜品进行定向研发。

（2）与财务部进行沟通，估算菜品的制作成本。

（3）与营运部沟通各门店新品培训事宜。

（4）与采购部沟通产品原料规格事宜。

4. 采购部（协作）

（1）与营销部沟通各门店采购时间等事宜。

（2）与财务部沟通各门店采购数量、规格及金额等事宜。

（3）与厨政研发部沟通各门店原料采购标准及配送要求等事宜。

（4）与营运部沟通各门店进货时间及进货量等事宜。

5. 培训部及营运部（主抓）

（1）对营销部提供的营销方案进行审核，并对各时间节点进行论证。

（2）在各部门的配合下对营销活动进行有步骤的展开与追踪。

（3）指派培训部配合厨政研发部对餐厅厨师进行培训。

（4）指派培训部配合财务部对门店收银员及出纳员进行培训，并设置电子菜单及权限。

（5）指派培训部配合营销部对餐厅工作人员进行活动培训。

（6）指派各门店库管人员与采购人员对接，对产品的数量、规格及质量进行追踪。

（7）指派各门店营销部与总部营销部对接，进行现场布置及顾客意见收集。

（8）指派各门店一线管理组执行活动任务，并将数据实时分享给各相关部门。

5.2　节日营销的广告设计

我们都知道，广告设计在营销中起到了很重要的作用，所以我们要十分重视广告设计。但很多餐饮品牌的广告设计做得并不好，下面我们就来了解一下该如何做好节日营销的广告设计。

5.2.1 广告设计中要注意的问题

在设计广告之前，我们要先问自己几个问题：

（1）我们的广告内容是否被消费者认同或喜欢。

（2）我们的广告是否有创意。很多商家或餐饮企业把宣传单、海报等内容设计得过于复杂、内容过于详尽、文字过多、信息量过大，这些过大过多的东西是给员工看的，不是给顾客看的，顾客才懒得浪费时间去看一个不是自己老板发来的“通知”。

（3）我们的广告是否选对了媒介。不要只在一个媒介上宣传，也不要将一个活动模板生硬地复制到所有媒介上。如宣传单，顾客只需 3 秒就能决定要不要看，只有顾客愿意继续看下去，上面的信息才会有价值。如易拉宝，顾客只看 2 秒，所以这 2 秒才是我们可以发挥的空间。如宣传片，顾客只需 5 秒就能决定是否看下去，超过 30 秒，再好的广告，其关注率都会成倍下降，5 分钟是个极限。所以，我们要把钱花在这前 30 秒上。

节日营销的广告设计包括了 4 个核心要素。

（1）标题：仇官、仇富、两性、爱国

（2）文字：亮点、热点、延续点

（3）结构：简单、明了、突出主题、承上启下、大幅度转折

（4）配图：婴儿、美女、动物

了解了这些，我们应该知道什么样的广告设计才能吸引人，或者说什么样的广告才是好的广告了吧。

5.2.2　广告设计的 15 个原则

（1）看广告标题的人数是看正文人数的 5 倍，也就是说标题比内文多了 5 倍的吸引力。既然标题和内文的阅读人数之比是 5:1，那么，我们的广告就应该有一个吸引人的标题或口号。从另一个角度来讲，广告标题值得我们投入更大的心思去琢磨。

（2）如果在标题中不能“言无不尽”，那么我们就浪费了 80% 的广告费。既然顾客对标题如此关注，有的人会说那我们为何不在标题里多写些文字呢？切记，广告标题的文字不能太多，太多了顾客会失去耐心，4~7 字最佳。

（3）当广告中的空白区域增加 1 倍时，顾客的关注率会增加 0.7 倍。这就是内容与空白的比例关系，这个“空白”指的是“集中空白区域”，而不是“平均分布”。也就是说，画面需要有一半的空白区域，才能达到 1.7 倍的关注率。如果所有广告都空出一半来，肯定都会被人看到，而这种关注不是因为内容，而是因为人们感到奇怪。不过，话说回来，如果真要留出一半的空白区域，商家就要经受住考验了，因为越是低廉的产品，越不值得这样做。

（4）数字比文字更能打动人心。因为阿拉伯数字比文字的传递速度要快，它会直达大脑。因此，在文字中使用阿拉伯数字，会提高顾客对内容的理解速度。

（5）彩色广告的推广效果是黑白广告的 5 倍。在做报纸广告的时候，如果彩色版面的价格小于黑白版面价格的 5 倍，那么投放彩色版面就是值得的。

（6）8~12 字的广告语最易于记忆。有时，口号和标题是一体的。是否便于记忆，还要看口号是否押韵。音韵不对，会让口号生涩喑哑，难以上口。“美特斯邦威，不走寻常路”就是一个很好的例子。

（7）广告正文的字数不宜过多。大家都很讨厌啰唆，所以，设计广告时，我们一定要去数一数字数，顾客不会听我们说过多的废话。不过，引人入胜的内容是不怕长的，读者愿意看。

（8）看广告图片的人数比看广告标题的多 20%。图片的吸引力比标题的吸引力高 2.5 倍，我们总是说：一图胜千文，这就是实证。如果我们学会了用图片来说话，那么我们一定会受益匪浅。既然是这样，我们为什么不给图片多留一些版面位置呢？

（9）人类的大脑不能同时捕捉 7 个以上的信息。也就是说，如果同一版面中出现了 7 个信息，那已经是极限了，难以超越。所以不要放一大堆图片、一大堆活动规则、一大堆产品介绍。如果有些规则必须写上，那就采取缩小文字的办法，或者干脆加上一句“以店内海报为准”。

（10）大篇幅广告的阅读顺序是图片—标题—正文。以往，我们总是把标题放在最前面，现在看来，从视觉效果的角度来考虑，应该重新调整布局。这是因为看广告是一种由远到近的阅读，所以，图片是否吸引人决定了顾客在看清文字之前会不会继续看下去。

（11）关注广告左边比关注右边的人多了 12%，关注广告上边比关注下边的人多了 60%，所以我们要把重点推荐的核心内容放在关注度最高的位置。

（12）观众观看视频广告的最佳时间是 5 秒。其中，前 2 秒的关注度最高，前 5 秒仍有关注度，30 秒后关注度锐减，5 分钟后基本不再关注。大家可以观察一下电视广告，它是以秒来计算费用的。换句话说，在电视上播出的广告基本上都是由专业人士做出来的，所以大家可以去数一下它们的时间，看看到底是几秒。

（13）看三角形的人比看正方形的人多 2 倍。实际上，不规则形状的事物比规则形状的事物更容易让人注意。在视觉心理学中这叫“寻边现象”。同理，一样的正方形，我们把它旋转成菱形放置，吸引力也会大幅度提升。

（14）打破常规的广告关注率将增倍。这就涉及一个度的问题，即“意料之外，情理之中”。如果我们的广告设计既不在意料之外，也不通情理，那么我们的这个表现方式就很有问题。关于广告设计这方面，我们应该多学习一下法国人的做法。

（15）绰号的易记率比名字的易记率高 8 倍。比如“断臂”“珊瑚虫”“范特西”等，你若善用这些词汇，那么你的作品便有了时代的烙印。英特尔给每款芯片都起一个“绰号”，也是为了市场推广。

5.3　法定节假日营销

在法定节假日，顾客会根据假期长短来制订消费及就餐的计划。

对于商家来说，法定节假日的营销要提前筹备，至少提前 15 天公布营销活动。比如，春节及国庆节期间的婚宴比较多，所以具备婚宴条件的中餐厅就要提前 3 个月进行宣传。由于这些节日还有较强的前置性及滞后性，所以还可以拉长活动的周期，提前开始，延后结束，不要把重点只放在节日当天。

2020 年，我国法定节假日有 7 个，所以每个商家在节日到来之前都要提前做好营销宣传工作，甚至可以提前开始活动，这样会有较好的延续性。需要注意的是，对于时间较短的法定节假日，大众都是以当地聚会为主，所以大型商圈或住宅型商圈的餐厅会比较火爆；对于时间较长的法定节假日，大众会选择远途旅游，所以住宅型商圈的餐厅就要小心客流不涨反落，这时火爆的是旅游城市、交通枢纽等地的餐厅。

5.3.1 元旦

营销重点：元旦假期只有一天，但有可能与双休日组合，所以活动时间可以控制在 3 天左右，应在圣诞节前后就对外公布活动内容，做好前期铺垫与营销预热。

5.3.2 春节

营销重点：春节是中国全年最特殊的一个节日，其间，大量人潮涌动，所以一二线城市会出现“真空”状态，很多餐饮商家的业绩会下降，三四线城市的会有所上升，但用工集中的城市及旅游城市的中餐厅及酒店也会出现大单生意，如年会、婚宴及其他活动等，所以这些餐饮商家应该至少提前 30 天对外公布营销及预订信息。

5.3.3 清明节

营销重点：这个节日是为了让公众祭奠先人的。为了避免人们集中祭扫，国家将假期由 1 天改为 3 天（调休）。但实际上这个假期又喜逢春天，就变成了年轻人踏青的假日，因此，聚会数量剧增。所以商家在这个节日期间要针对人们的聚会类型选择应季菜品，推出不同的优惠活动，以此捕捉特殊客流。

5.3.4　劳动节

营销重点：一般来说，只要是超过 3 天的假期，基本上都会提升旅游产业的营业额，所以餐饮商家也要考虑自己所属的商圈及城市在劳动节期间是否有机会提升营业额。如果以旅游为主的顾客激增，那就不要推出打折及储值优惠等活动，商家要以赠送菜品为主。

5.3.5　端午节

营销重点：在端午节，大家外出旅游的可能性不大。虽然外出旅游的可能性不大，但是这个节日与一种特殊菜品有关，那就是粽子。粽子和饺子有着本质的区别：饺子一般都是堂食或外卖，顾客自己享用；粽子可以自己吃，也可以作为馈赠的礼品。所以，端午节的营销要与粽子产生很大关联，比如制作粽子礼盒等。端午节的营销活动一定要提前开展，因为人们过节习惯赶早不赶晚，提前 10 天都有人开始买粽子，节日第二天便无人问津了。

5.3.6　中秋节与国庆节

营销重点：这两个节日的日期挨得比较近，一般都可以连上，所以假期天数有可能会赶超春节，这两个节日适合外出旅游。所以，我们要考虑这两个节日的联合营销。国庆节主打朋友聚会，中秋节主打家人团圆，两个节日都以聚会为主。这里，有一点大家要注意：中秋节的月饼可以作为礼品售卖，但不要储备太多。如果临近中秋节，你的存货量依然比较大，那你一定要低价处理或当作赠品馈赠老顾客，因为中秋节过后，月饼就和情人节过后的玫瑰花一样无人问津了。

5.4 非法定节假日营销

5.4.1 青年节

时间：每年 5 月 4 日

起源：五四青年节源于中国 1919 年反帝爱国的“五四运动”。五四运动是一次彻底的反对帝国主义和封建主义的爱国运动，也是中国新民主主义革命的开始。1939 年，陕甘宁边区西北青年救国联合会规定 5 月 4 日为中国青年节。

标志性的营销道具：互赠礼物，依据聚会者之间的关系来定

标志性的食物：无特定食物

5.4.2 七夕节

时间：每年农历七月初七

起源：七夕节，又称七巧节、七姐节、女儿节、乞巧节、七娘会、七夕祭、巧夕等，是中国的传统节日。七夕节由星宿崇拜衍化而来，为传统意义上的七姐诞，因拜祭“七姐”的活动在七月初七晚上举行，故称“七夕节”。拜七姐、祈福许愿、乞求巧艺、坐看牵牛织女星、祈祷姻缘、储七夕水等，是七夕节的传统习俗。七夕节被还赋予了“牛郎织女”

的美丽爱情传说，使其成为象征爱情的节日，从而被认为是中国最具浪漫色彩的传统节日，在当代更具有了“中国情人节”的文化内涵。

标志性的营销道具：玫瑰花

标志性的食物：巧果、酥糖、巧巧饭、瓜果

5.4.3 教师节

时间：每年9月10日

起源：1931年，教育家邰爽秋、程其保等联络京、沪教育界人士，在南京中央大学集会，发表要求“改善教师待遇，保障教师工作和增进教师修养”的宣言，并议定6月6日为教师节，也称“双六节”。1985年1月，第六届全国人大常委会通过了这一议案，确定每年的9月10日为教师节。

标志性的营销道具：无特定礼物

标志性的食物：谢师宴

5.4.4 重阳节

时间：每年农历九月初九

起源：重阳节源自天象崇拜，由上古时代秋季丰收祭祀演变而来。在历史发展演变中杂糅了多种民俗，承载了丰富的文化内涵。在民俗观念中“九”是最大的数字，有长久、长寿的含义，寄托着人们对老人健康长寿的祝福。1989年，农历九月初九被定为“敬老节”，倡导全社会树立尊老、敬老、爱老、助老的风气。

标志性的营销道具：菊花或寿礼

标志性的食物：重阳糕、菊花酒，以及以家庭聚会为主的宴会菜品

5.5 外来节日营销

外来节日属于舶来品，但由于节日内容和寓意更符合当代年轻人的喜好，同时节日内容比较有趣，因此受到年轻人的喜欢，又因为现在餐饮业的主流消费群体是年轻人，所以外来节日也被广大的餐饮商家所推崇。

20 多年前，外来节日的主菜品大多数以西餐为主，后来随着消费市场趋于年轻化，更多的餐饮商家也想从中分一杯羹，所以就变成了中餐厅及西餐厅共同营销的节日。

5.5.1 愚人节（April Fool's Day）

时间：每年 4 月 1 日

起源：愚人节，也称“万愚节”。人们对于它的起源众说纷纭：一种说法认为这一习俗源自印度的“诠俚节”。该节规定，每年 3 月 31 日当天，情侣之间可以互相愚弄欺骗来娱乐。

而较普遍的说法是这个节目起源于法国：1564 年，法国首先采用改革后的新纪年法——格里历（即通用的阳历），以 1 月 1 日为新年的开端，改变了过去以 4 月 1 日为新年开端的历法。在新历法推行的过程中，一些因循守旧的人反对这种改革，仍沿袭旧制，拒绝使用新历法。他们依

旧在 4 月 1 日这天互赠礼物，组织庆祝新年的活动。主张改革的人对这些守旧者的做法大加嘲弄，聪明滑稽的人在 4 月 1 日这天假装给守旧者赠送礼物，邀请他们参加假的庆祝会，并把这些受愚弄的人称为“4 月傻瓜”或“上钩之鱼”。以后，他们每年都在这天互相愚弄对方，慢慢便成为法国流行的一个节日。

该节日于 18 世纪流传到英国，后来又被英国早期移民带到了美国。起初，在节日那天任何人都可以炮制骇人听闻的消息，而且不负任何道德和法律责任，政府和司法部门也不会追究。甚至，谁编造的谎言最离奇、最能骗取人们的信任，谁就会荣膺桂冠。但这种做法给社会带来了不小的混乱，引起了人们的不满。之后，人们在节日当天的愚弄欺骗行为不再像过去那样离谱，而是以轻松娱乐为目的。

标志性的营销道具：整蛊道具

标志性的食物：一些做成整蛊样子的食物，比如卫生纸样子的蛋糕、虫子水果糖、会爆炸的蛋糕（里面是个气球，一切开就会爆炸），等等

5.5.2　万圣节（All Saints' Day）

时间：每年 11 月 1 日

起源：万圣节，又叫诸圣节，是天主教和东正教的节日之一，是西方国家的传统节日。“Hallow”来源于古英语 halwen，与 holy 词源很接近，在苏格兰和加拿大的某些地区，万圣节仍然被称为“All Hallow Mas”。那一天，人们举行弥撒仪式（Mass）庆祝天上的所有圣人（Hallow）。现在，人们为了商业利益或其他目的，每年也会在 10 月 31 日夜里组织各种奇怪的活动，但完全背离了万圣节的神圣意义。

标志性的营销道具：南瓜灯、蜡烛、骷髅头、蝙蝠、蜘蛛网、女巫服等

标志性的食物：南瓜派、苹果、糖果、牛羊肉等

5.5.3 感恩节（Thanksgiving Day）

时间：每年 11 月第 4 个星期四

起源：感恩节的由来可以追溯到美国历史的发端，起源于马萨诸塞州普利茅斯的早期移民。这些移民在英国本土时被称为清教徒，因为他们对英国教会的宗教改革不彻底感到不满，以及英王及英国教会对他们的政治镇压和宗教迫害，所以这些清教徒脱离英国教会，远走荷兰，后来决定迁居到大西洋彼岸那片荒无人烟的土地上，希望能够按照自己的意愿信教，自由地生活。

1620 年，著名的“五月花”号船满载不堪忍受英国宗教迫害的清教徒 102 人到达美洲。那年冬天，他们遇到了难以想象的困难，处在饥寒交迫之中。这时，印第安人给移民送来了生活必需品，还教他们狩猎、捕鱼和种植玉米等。在印第安人的帮助下，移民们终于获得了丰收，在欢庆丰收的日子，按照宗教传统习俗，移民规定了感谢上帝的日子，并决定为感谢印第安人的真诚帮助，邀请他们一同庆祝节日。后来，人们为了传承这种信仰，便有了感恩节。

感恩节的晚宴是美国人十分重视的一餐，这一餐的食物非常丰富，在餐桌上火鸡和南瓜饼都是必备的。

标志性的营销道具：南瓜、火鸡等饰品

标志性的食物：烤火鸡、南瓜饼、红莓苔子果酱、甜山芋、玉蜀黍

5.5.4 圣诞节（Christmas）

时间：每年 12 月 25 日

起源：圣诞节是为了庆祝耶稣的出生而设立的，但《圣经》中并未提及耶稣出生在这一天，甚至很多历史学家认为耶稣出生在春天。直到 3 世纪，12 月 25 日才被官方定为圣诞节。尽管如此，有一些东正教人还是把 1 月 6 日、7 日定为圣诞节。

圣诞节本是宗教节日。19 世纪，圣诞卡的流行、圣诞老人的出现，使圣诞节开始渐渐流行起来。庆祝圣诞节这一习俗在北欧流行后，结合着北半球冬季特点的圣诞装饰也出现了。

标志性的营销道具：圣诞老人、圣诞卡、圣诞帽、圣诞袜、圣诞树、圣诞节花环、圣诞橱窗等。

标志性的食物：烤火鸡、树干蛋糕、饼干屋、拐棍糖、幸运饼干等

5.5.5 复活节（Easter Day）

时间：每年春分月圆之后第 1 个星期日

起源：复活节是基督教纪念耶稣复活的节日。传说，耶稣被钉死在十字架上，死后第三天复活升天。每年在教堂庆祝的复活节指的是春分月圆后的第 1 个星期日，如果月圆那天正好是星期日，复活节则推迟一周。因而，复活节可能在 3 月 22 日至 4 月 25 日之间的任何一天。

标志性的营销道具：复活节彩蛋、篝火装饰等

标志性的食物：巧克力蛋、鸡蛋、兔子、火腿

5.5.6 情人节（Valentine's Day）

时间：每年 2 月 14 日

起源：公元270年，罗马圣教徒瓦伦丁被处死，于是后人将此日定为“瓦伦丁节”。瓦伦丁节，又称情人节，是欧美和大洋洲的一些国家的民族节日。

关于此节日的来源，说法甚多，一般以罗马圣教徒瓦伦丁被处死，后人将这天定为“情人节”的这一说法为主。

标志性的营销道具：玫瑰花、巧克力、特殊礼物、烛光晚餐、电影等

标志性的食物：巧克力、红酒、情人节套餐 713419405

5.5.7 母亲节（Mother's Day）

时间：每年 5 月第 2 个星期日（中国 / 美国）

起源：母亲节，是一个感谢母亲的节日。母亲在这一天通常会收到孩子们赠送的礼物，康乃馨被视为献给母亲的花，而中国的母亲花是萱草，又叫忘忧草。

母亲节是在中国港澳台地区流行起来之后才进入中国大陆的，名贵的珠宝、象征母爱的康乃馨、特制的爱心甜点、精致的手工贺卡等，成为人们向母亲敬献爱意的礼物。

20 世纪末，随着中国与国际的日益接轨，母亲节这一节日在中国大陆逐步推广开来，越来越多的人开始接受母亲节这一节日，在每年 5 月的第 2 个星期日，中国人和世界上其他国家的人们一起以各种各样的方

式表达对母亲的爱意。

中国的母亲节很有中国味道，中国人会以自己特有的方式表达浓浓的亲情。在母亲节这一天，人们会送给母亲鲜花、蛋糕，亲手烹制饭菜给母亲吃。

标志性的营销道具：萱草、康乃馨及其他祝福礼物

标志性的食物：爱心蛋糕、祝福餐

5.5.8　父亲节（Father's Day）

时间：每年 6 月第 3 个星期日

起源：父亲节，顾名思义是感恩父亲的节日。该节日约始于 20 世纪初，起源于美国，现已广泛流传于世界各地，节日日期因地域不同而存在差异。

世界上有 52 个国家和地区是在每年 6 月的第 3 个星期日这一天过父亲节的。那天有各种庆祝方式，大多与赠送礼物、家庭聚餐或活动有关。

标志性的营销道具：红玫瑰、白玫瑰及其他祝福礼物

标志性的食物：爱心蛋糕、祝福餐

5.5.9　国际儿童节（International Children's Day）

时间：每年 6 月 1 日

起源：1949 年 11 月，国际民主妇女联合会在莫斯科举行会议，中国和其他国家的代表愤怒地揭露了帝国主义分子和各国反动派残杀、毒害儿童的罪行。会议决定以每年 6 月 1 日为国际儿童节。它是为了保障世

界各国儿童的生存权、保健权、受教育权和抚养权，为了改善儿童的生活，为了反对虐杀和毒害儿童而设立的节日。世界上许多国家都将6月1日定为儿童节。

标志性的营销道具：各类玩具

标志性的食物：儿童套餐

5.5.10 国际妇女节（International Women's Day）

时间：每年3月8日

起源：国际妇女节的起源归因于20世纪初期一系列的妇女运动：1909年，美国社会党人将2月28日定为全国妇女日；1910年，第二国际哥本哈根会议上以克拉拉•蔡特金为首的来自17个国家的100多名妇女代表筹划设立国际妇女节，1917年3月8日（俄历2月23日），为纪念在一战中丧生的近200万名俄罗斯妇女，俄罗斯妇女举行罢工，拉开了“二月革命”的序幕，“十月革命”成功之后，布尔什维克的女权活动家亚历山德拉•米哈伊洛夫娜•柯伦泰说服列宁将3月8日设为法定假日。

标志性的营销道具：玫瑰花

标志性的食物：无特定食物

5.6 互联网节日营销

随着互联网的发展，很多自创的节日开始被商家定义并大肆宣传，在一些商家自创的节日里，只有极少数的节日被主流消费群体所接受，并被保留了下来，下面我们就着重分析三个目前很流行的互联网节日。

5.6.1 “双十一”购物狂欢节

时间：每年 11 月 11 日

起源：“双十一”一开始叫“光棍节”，盛行于网络及民间。它的来源有多种说法，一般认为来源于南京大学。1993 年，南京大学“名草无主”寝室 4 个大四学生每晚举行“卧谈”，有一段时间卧谈的主题是讨论如何摆脱单身状态，卧谈中他们想出了以即将到来的 11 月 11 日（数字 1 象征“单身”）作为“光棍节”来组织活动。从此，光棍节逐渐发展成为南京高校以至各地大学里的一种校园趣味文化。随着一批批学子告别校园，这个节日渐渐被带入社会，并随着成年单身男女群体的壮大，以及群体活动和网络媒体的传播，光棍节在社会上流行开来。

“双十一”购物狂欢节（简称“双十一”），是指每年 11 月 11 日以电子商务平台为代表，在中国范围内兴起的大型购物狂欢节。自从 2009 年国庆节和中秋节双节同过开始，每年的 11 月 11 日，以天猫、京东、苏宁易购为代表的大型电子商务平台利用这一天进行一些大规模的打折促销活动，以提升销售额，目前已成为中国最大规模的互联网商业促销活动。

营销重点：商家在这个节日里应突出两个营销亮点，一个是情侣套餐，另一个是优惠购物。虽然这一节日看似与情人节很像，但在这个节日商家可以售卖衍生品，衍生品以女性喜欢的商品为主，但绝对不能是吃的东西，否则就背离衍生品差异化这一核心了，比如做一款 388 元的情侣套餐，食材成本不要超过 120 元，再赠送前来就餐的情侣一个福袋，你可以在福袋里放一些女生喜欢的小礼物，成本不用太高，不要超过 30 元。

大家记住，套餐不是重点，这个节日男生送女生礼物才是重点，所以套餐的价格不要设置得很低，而且福袋里的礼物成本也不用很高，但一定要够多、要让女生喜欢。

5.6.2 “双十二”购物狂欢节

时间：每年 12 月 12 日

起源：“双十一”的网络营销取得了空前成功。尝到甜头的电子商务平台再接再厉，谋划 12 月 12 日岁末年终庆，并且号称力度不逊于“双十一”。

继淘宝、京东“双十一”之后，淘宝、京东等各大电商平台再次传来消息，将在 12 月 12 日推出本年度最大规模的网购盛宴，并延续“全民疯抢”的活动，并将其称为“双十二”购物狂欢节（简称“双十二”）。

营销重点：这个节日和“双十一”很像，区别在于，“双十一”是打着爱情名义的购物节，而“双十二”就是纯粹的“买买买”的节日，这一天大部分年轻人都会进行集中消费，所以我建议商家在这天售卖储值卡及锦鲤包。

（1）储值卡。我们可以设置一个金额，比如储值 588 元，就送 588 元的礼物。这个礼物的成本要在 88 元左右，也就是储值总额的 15%，礼物一定要种类繁杂，琳琅满目。记住，购买礼物的要点，就是够多、够杂，东西又多看似又有用。

（2）锦鲤包。把菜品打包成锦鲤包，比如 100 道菜做一个锦鲤包，总价 2000 元，优惠价 1999 元，然后同储值卡一样，再准备一个福袋，里面放一些小礼物，如尺子、橡皮、彩色胶带、皮筋、小勺、发卡、卡套……然后，打包成一个 1999 元的锦鲤包，即 100 道菜 +100 个福袋。这种促销活动的实现需要注意三点：一是老板要有胆量和魄力，很多餐饮商家不敢这么干；二是买的小礼物要与顾客匹配；三是要研究主流消费群体是男性、女性还是情侣。我们可以通过具体分析来确定锦鲤包总额、菜品设置方式、礼物类型等。

5.6.3　网络情人节

时间：每年 5 月 20 日和 5 月 21 日

起源：21 世纪初期，互联网世界悄然兴起了一个由数以亿万计的网民自发组织的网络节日——网络情人节。这是虚拟网络世界的第一个固定节日，定于每年 5 月 20 日和 5 月 21 日，因为“520”和“521”的谐音都是“我爱你”。据说，这是网络世界首个公认的节日。

根据“0”和“1”所指代的对象不同，“520”主要是为女性设定的节日，而“521”则主要是为男性设定的节日。男性可以选择在 5 月 20 日那天对老婆、女友或喜欢的女神表白“520”（我爱你）。5 月 21 日这一天，被表白的女性要向老公、男友或心仪的男神回复“521”，以表示“我愿意”“我爱你”。因此，每年 5 月 20 日和 5 月 21 日的网络情人节也成了情侣们扎堆登记结婚、举办婚宴的吉日。

节日当天，线上网购成潮，线下结婚扎堆 。有关“520”的消息在朋友圈刷屏，不仅有情侣之间的秀恩爱，还有商家的促销大战，网络情人节掀起了一场发红包、送礼物的热潮 ，俨然成了全民狂欢节，算得上一大新民俗了。

5.7 二十四节气营销

节气是指一年二十四个时节和气候，是中国古代制定的一种用来指导农事的补充历法，是中国劳动人民长期经验的积累成果和智慧的结晶。

由于古代中国社会属于农业社会，而农业需要严格了解太阳的运行情况，农事完全根据太阳的运行周期进行，所以在历法中加入了单独反映太阳运行周期的二十四节气，用于确定闰月的标准。

中国农历是一种阴阳合历，是根据太阳、月亮的运行周期制定的，因此设置了二十四节气，能较好地反映太阳运行的周期。

二十四节气分别是：立春、雨水、惊蛰、春分、清明、谷雨、立夏、小满 、芒种、夏至、小暑、大暑、立秋、处暑、白露、秋分、寒露、霜降、立冬、小雪、大雪、冬至、小寒、大寒。

下面我们就来说一说二十四节气营销的几个要点。

1. 节日特点

中国农历节日都是和每个节气相关的，所以时令食材以养生功效为主。

2. 营销侧重点

以应季或应节的食材为主，在菜单中加入短期菜品，以拉动年龄偏大的顾客的消费需求。

3. 营销周期

节气前两天开始，节气后两天结束，算上节气当天，5 天为宜。

4. 避免误区

一般来说，年龄较大的人对农历节日比较敏感，年轻人对此类节日关注度较低，所以，二十四节气营销适合在中餐厅开展。如果你的餐厅属于非中餐或主流消费群体为年轻人（35 岁以下），建议谨慎开展此类营销。

5. 菜品研发方向

由于二十四节气是中国独有的节日，而且每个地域的文化或应季食材不同，所以下一小节我们主要以北方的中餐厅为例进行讲解，大家可以根据当地的实际情况，调整相应的菜品。

5.7.1　春季的 6 个节气（1 月至 3 月）

小寒 / 大寒

研发方向：以主食为主

建议菜品：年糕、八宝饭、腊八粥

立春

研发方向：以春饼为主

建议菜品：春饼卷菠菜炒肉丝、春饼卷韭菜炒肉丝、春饼卷蒜黄炒肉丝、春饼卷豆芽菜、酱肘子、松仁小肚、煎鸡蛋等

雨水

研发方向：以粥类为主

建议菜品：地黄粥、防风粥、紫苏粥

惊蛰

研发方向：以素菜为主

建议菜品：如韭菜、菠菜、荠菜等炒菜

春分

研发方向：以春饼为主

建议菜品：春饼卷炒合菜

5.7.2 夏季的 6 个节气（4 月至 6 月）

清明

研发方向：以小吃为主

建议菜品：馓子、子推馍、蒿子粑粑

谷雨

研发方向：以面食为主

建议菜品：当天要吃面条，一定要是汤面

立夏

研发方向：以主食为主

建议菜品：面饼、鸭蛋、八宝饭等

小满

研发方向：以素菜为主

建议菜品：时令野菜或蔬菜小炒

芒种

研发方向：以玉米为主

建议菜品：玉米饼、玉米粥等

夏至

研发方向：以面食为主

建议菜品：炸酱面、麻酱面等

5.7.3　秋季的 6 个节气（7 月至 9 月）

小暑

研发方向：以素菜为主

建议菜品：炒豆芽

大暑

研发方向：以素凉菜为主

建议菜品：拌茄泥、拌什锦、绿豆汤等

立秋

研发方向：以荤菜为主

建议菜品：炖肉、酱肘子、炖排骨等

处暑

研发方向：以炖汤为主

建议菜品：银耳汤、百合汤、莲子汤等

白露

研发方向：以滋饮为主

建议菜品：百合、杏仁、川贝等

秋分

研发方向：以果饮为主

建议菜品：梨、甘蔗等

5.7.4 冬季的 6 个节气（10 月至 12 月）

寒露

研发方向：以凉菜为主

建议菜品：凉拌核桃、凉拌银耳、凉拌萝卜等

霜降

研发方向：以小吃为主

建议菜品：柿子制品

立冬

研发方向：以主食为主

建议菜品：饺子

小雪

研发方向：以荤汤为主

建议菜品：火锅、羊肉汤等

大雪

研发方向：以荤汤为主

建议菜品：羊肉汤等

冬至

研发方向：以荤菜为主

建议菜品：韭菜、茴香、生姜、葱、大蒜、栗子等

第6章 餐饮连锁企业的营销体系

麦当劳是世界上最大的餐饮连锁品牌，而百胜是世界上最大的餐饮集团。两个品牌能有今天的成就，不光归因于其产品的大众化或时代机遇，它们的营销系统也起到了至关重要的作用。下面我们就来深度剖析这两个品牌的营销体系是如何在企业运营的方方面面中发挥作用的。

本章的主要知识点：

（1）背景与营销系统

（2）培训手册的设置

（3）产品手册的设计

（4）内部营销

（5）外部评估

（6）排班系统

6.1 背景与营销系统

我们以为麦当劳和百胜都是因操作流程标准化而成功的，其实麦当劳和百胜，与海底捞一样，是靠营销成功的，他们都是想方设法地要把自己的东西卖出去，这个东西可以是菜品，是知名度，甚至是股票，我们一起看看它们成功背后的故事吧。

6.1.1 麦当劳与百胜的背景

这里我们以麦当劳和百胜为核心，讲解一下跨国餐饮企业的营销系统是如何以矩阵的形式打造出来的。既然要剖析它们，我们必须先了解这两个世界级品牌的背景。

麦当劳的背景

- 1955 年，麦当劳（McDonald's）创立于美国芝加哥，是世界最大的跨国餐饮连锁企业。
- 麦当劳遍布全球六大洲 119 个国家，拥有约 32 000 家分店。
- 麦当劳旗下有 6 个以上的子品牌，但只有麦当劳一支独大。
- 可口可乐是麦当劳的全球战略合作供应商。
- 迪士尼是麦当劳的全球战略合作伙伴。

百胜的背景

- 百胜餐饮集团在全球 110 多个国家和地区拥有超过 35 000 家连锁

餐厅和 100 多万名员工。

➢ 百胜旗下有肯德基、必胜客、塔可贝尔、东方既白、小肥羊、黄记煌、艾德熊、COFFii&JOY 及海滋客等子品牌。

➢ 百胜属于百事公司，最早是百事公司餐饮事业部，后来独立出来了。

我们横向对比一下这两个品牌的背景

➢ 麦当劳旗下单个汉堡品牌的门店数量要比百胜旗下任何一个品牌都要多。

➢ 百胜母公司（百事公司）要比麦当劳更有实力。

➢ 麦当劳走的是专精路线，主要为汉堡品牌服务。

➢ 百胜走的是通用路线，为所有品牌服务。

➢ 麦当劳在全球战略合作方面做得很成功，尤其与可口可乐和迪士尼。

➢ 百胜在全球地方公共关系方面做得很成功，尤其是在中国。

6.1.2　麦当劳与百胜的营销系统

这两个世界级餐饮连锁品牌有一个不为人知的秘密，那就是“全员营销”及“以营销为核心”。它们的门店以追求利益最大化为准则，这里的利益则包括长期品牌名誉及短期利润。

那么，它们在门店的运营过程中，是如何保证利益的呢？靠的是强大的营销体系。

麦当劳与百胜的营销体系分为两个部分：内部营销与外部营销。

➢ 外部营销针对的是直接利益贡献者，如顾客、加盟商。

➢ 内部营销针对的是间接利益贡献者，如员工、领导者、供应商、其他相关人员。

很多餐饮企业虽然运用了很多营销手段，但都没有收到预期的回报，原因很简单，因为它们对营销的理解不够深刻，以致很多餐饮企业认为打折促销、更新菜品、发宣传单、做广告就是营销的全部内容，从而忽略了营销的基础。这种片面性使得商家的营销活动开展后，虽然营业额有明显的增长，但持续时间不长，之后的回头客越来越少，最终导致顾客流失得越来越多。

关于营销的培训在麦当劳的员工培训中属于最后的课程，原因就是这方面内容属于中高级的营运课程，而在百胜，单店行销也是最后一个课程，可想而知它的重要性。

营业额增长、餐厅不断盈利，是制订营销方案的目的。但在此之前要做好准备工作，只有准备工作做到位，后续逐步改善，营业额才能得到提升。要想提升营业额，有很多方面需要去改善，但改善需要按先后顺序。只有按照顺序进行有计划、有方向、有目标的改善，才能达到理想的效果。

下面我们就来具体看看营销中每个阶段的具体内容：

第一阶段：营销基础

（1）产品品质 Q（准确快捷地提供合格的菜品）

（2）服务质量 S（良好的服务）

（3）环境整洁 C（干净整洁的用餐环境）

（4）超越价值 V（提供特色超值的附加服务）

以上是麦当劳的四大营销基础，百胜则是CHAMPS，即美、真、准、优、高、快，这两个企业的营销理念大同小异。

第二阶段：可见度和易接近程度

顾客在选择用餐地点时，一般会考虑几个问题，比如，是否知道餐厅的位置、开车或步行来到餐厅是否方便等，然而这些往往是商家最容易忽略的东西。这就是宣传单发出去了，却很少有顾客来的原因。所以，我们要从消费心理学的角度去考虑顾客的感受。

第三阶段：促销的实施

由总部配送营销所需的所有物品，包括半成品、菜品制作工具、制作工艺手册、培训标准手册、营销道具及营销流程。

第四阶段：商圈分析

我们要根据不同门店的自我分析和数据的客观评估，对营销活动有一个切实可行的落地准备。做好营销前的准备工作以及营销后的分析总结，为下一次营销工作提供有效的、可借鉴的参考意见。

第五阶段：维护好周边关系

在营销过程中，维护好周边关系很重要，比如政府、街道、城管等，它们都会与我们在营销过程中产生交集。为了营销工作的顺利展开，商家必须提前解决周边关系问题，打通渠道。

第六阶段：提高营业额

这一步才是营销的核心。我们要做到 365 天每天每分钟都在营销，并从中直接或间接获得利润。通过大数据分析，我们应向成本最低、利润最高及落地最容易的方向去着手营销。这就是二八定律的应用，将 80% 的精力集中在 20% 的高质量顾客上面，挖掘 80% 的利润。

6.2 培训手册的设置

百胜是一个跨国餐饮集团，旗下有肯德基、必胜客、塔可贝尔、东方既白等多个品牌。下面，我们就来说一下它们设置培训手册的 4 个维度，以及国内与国外餐饮企业培训体系的异同之处。

6.2.1 设置培训手册的 4 个维度

第一个纬度：培训手册分为服务手册、产品手册、设备手册 3 个部分。

第二个纬度：营销体系分为人事、订货、排班、培训、设备、值班 6 个方面。

第三个纬度：值班管理分为内场值班管理和外场值班管理。

第四个纬度：晋升体系，即由低到高逐步晋升。

肯德基进入中国的时间比麦当劳要早，当时它用的是美国总部的培训手册，后来才有了自己的培训手册。肯德基与必胜客所用的培训手册一样，所以这两个品牌共用一套培训手册。直到 2003 年，肯德基和必胜客的培训手册才开始不一样。

6.2.2 国内与国外餐饮企业培训体系的对比与剖析

国内餐饮企业的培训体系和国外餐饮企业的培训体系到底有哪些区别呢？

国内餐饮企业的培训体系忽略了自学部分，更注重教学方式。因此，在培训中人的因素被放大了，培训者的能力直接影响培训结果。大家都知道，人和设备最大的区别是，设备是可控的，而人是不可控的。这是国内餐饮企业培训体系最大的弊端。

国内和国外餐饮企业培训手册的编写方式又有哪些区别呢？

我先问一下，有谁上学的时候学校不发教科书，而直接发字典呢？这只是一个比喻，但道理是一样的。国内餐饮企业的培训手册我也见过很多，有的还是由专业公司制作的，价格不菲，其结构主要包括保密事项、目录、前言、业务介绍、业务技能、工具表格等，最后是附件，按照业务体系进行排列。国外餐饮企业培训手册的设置，更注重学习的先后顺序，是按照学习者的学习习惯进行排列的。

国外餐饮企业的培训手册虽让人看了眼前一亮，但说实话，技术含量很低，用的就是我们小学的教学体系，把需要学的东西分为几门课程（人事、订货……），把课程按难易程度由浅至深分成几级（基础课程、培训课程……），每个年级分配相对应的老师（带训人），同时选出一个班主任（培训经理），发放课程计划、教科书（培训计划表、营运手册）、教学工具（学习工具表）、练习手册（新学员手册），并进行阶段性考试（绩效考核评估），最后毕业升学（人事升迁异动）。

而国内餐饮企业培训体系更注重岗位的实践，专岗专训，虽然这会造成受训人员技术单一，但也使每个岗位的技术水平得到最大限度的挖掘。这是国外餐饮企业培训体系做不到的，现在很多跨国餐饮集团也在私底下学习国内餐饮企业的精细化管理。

将二者分析对比后，我们需要注意几个问题：

（1）中式管理和西式管理各有千秋，不要用一个去否认另外一个。

（2）中式管理需要把前厅和厨房的关系捋顺，采用西式管理的职位理念，而不是岗位理念。

（3）西式管理不要忽略对厨师的管理，中式管理把厨师的研发对企业的作用无限放大，而西式管理却将其无限缩小。

（4）不要让一个刚刚从西式管理系统中出来的人才独立去做新项目，否则会损失惨重。原因很简单，一颗螺丝钉是无法当一台设备来使的，即使它的材质很好，作用很大，但螺丝钉毕竟是螺丝钉。当你的企业遇到瓶颈时，可以聘请这样的人进行餐厅基层改革，道理很简单，比如机器上的某个坏螺丝钉造成了整台设备无法正常运转，那就换一个好的。

国内餐饮企业和国外餐饮企业的培训体系的目的也不同，区别在于国内餐饮企业培训体系的主要目的是培养员工单独作战的能力，但如果某个人单独作战的能力过强，就会跑在队伍之前，而他马上就会面临两种选择：一是停下来等后面的人，二是离开这个团队，寻求与自己相匹配的团队。不管他选择哪个，都是企业不想看到的。第一种选择是对人才的浪费与埋没，第二种选择则是完全失去了人才。而且，在国内餐饮企业培训体系中，前厅与后厨分开、人事与行政分开、一线与后勤分开、培训与绩效分开、营销与服务分开，这些造成了每个区域或部门都要有一个强大的明星员工站在那里，一旦明星员工离开，企业将会遭到重创，而企业唯一的出路就是：要么找一个不太适合的人来补缺，要么空降一个“消防员”去“救火”。

国内餐饮企业培训体系的优点是：团队很容易培养出明星员工，他单独作战的能力极强，但过于依赖明星员工的话，最高管理者将无法掌控全局。因为人不是机器，人是不可控的，若过于放大人的因素，企业就会面临潜在的失控。

国外餐饮企业培训体系的主要目的是培养优秀团队，主要强调团队的整体配合，不允许任何一个人跑在队伍的前面。每个人都要明白自己的位置，在每个位置做到极致，把每个人都打造成一个螺丝钉，一旦团队中某个人掉队或离开，就像维修设备一样，只要更换螺丝钉就可以完美解决危机。不管掉队或选择离开的这个人是一个清洁工还是一个门店经理，都不会对现有的营运产生实质性的影响。

国外餐饮企业培训体系的优点是：企业就像一台简单的机器，管理者很容易掌控全局，把管理中最不可控的因素——人被无限缩小。但这种体系培养出来的人才，不具备拓展思维，做事循规蹈矩，害怕面对不可控因素带来的危机。一个从西式管理系统中出来的人若失去了团队，他自己就是一个螺丝钉，即使是黄金材质的，也无法组建一台简单的机器。

国内餐饮企业培训体系与国外餐饮企业培训体系可以说各有千秋，我们没有必要批评其中任何一种模式，也没有必要推崇其中任何一种模式。我的观点是：第一，所有餐饮企业或职业经理人都期望通过自己的努力将两种培训模式的精华结合在一起，但出现了无数的困难，比如，因目的不同，所以结构完全相反，结构相反的东西是无法拼凑在一起的，因为它们不存在共性。第二，所有的管理者都必出自其中一种模式，他们的潜意识必定认同一个、排斥另一个（即使自己有意识不这样做）。管理经验少了，无法达到中西合璧，管理经验多了，无法改变固有的思维，不愿放弃自己原有的模式去中西合璧。所以，只能取其一，不可兼得。

6.3 产品手册的设计

因餐饮企业员工流动性较大、培训成本较高、培训周期较短，所以很多餐饮企业都希望有一个高效、全面、快捷的产品手册。

麦当劳和百胜在产品手册中加入了员工喜欢的内容，让他们在学习的过程中不觉得枯燥、无趣，同时用营销手法激励他们自发地学习，下面就具体看一下麦当劳和百胜是如何把营销技巧融入产品手册的。

首先，针对年轻人改变手册的内容设置方式，十几年前的培训主要是针对某个岗位的某个技能进行针对性的学习，但现在的年轻人在学习知识时，若内容过于枯燥乏味，他们就很容易放弃，所以，手册中的内容要能让年轻人对知识进行自由切换，保持足够的新鲜感，比如，手册中讲到产品制作，就会先讲解制作工具，然后是食材介绍，再然后是制作过程，最后对不同食材所使用的工具进行有区别的讲解。

其次，麦当劳和百胜现在的员工基本上以“90后”和“95后”为主，大部分人已经不再像十几年前的餐饮从业人员一样，那时的餐饮从业人员学历偏低，使得他们的学习能力也相对较低，不过，现在的年轻人虽然学习能力有了很大提升，但很容易失去学习兴趣，所以麦当劳和百胜采用了他们喜欢的呈现方式来提升他们的学习兴趣，在产品手册中加入大量的图片，将文字图片化，激发年轻人的阅读兴趣。

最后，就是表达方式的改变。十几年前，产品手册中的用语，尤其是关于产品制作的描述，都是一把、少许、适量等模糊词汇，现在的年轻人希望所学的知识简单、明确、专业，所以现在的产品手册及相关培训知识，都采用具体的数值来替代模糊描述。

不同的学习对象，对产品手册还会有不同的诉求。比如，对于直营店的员工来说，产品手册就要简单、易懂，而对于加盟店的员工来说，产品手册就要全面、细致。

举个例子，几年前我有一个朋友想搞水吧连锁项目，找我来为直营店及加盟店设计产品手册。当时，设计这个手册是为了企业内部成长及增加加盟商的信心，那时的水吧加盟基本上都没有自己的产品手册，加盟商对总部的信心不大，对产品也颇有怀疑，所以很多加盟商都在观望。

我当时就提出了一个想法：产品手册既是管理工具，也是营销道具。因此，产品手册内容的编辑及设定，既要针对加盟商，也要针对员工。产品手册只有同时具备这两个功能，才能体现总部的实力和技术含量。我将产品手册的功能定义为三种：

（1）员工被动学习的实操指南。

（2）通过精美设计使员工对知识产生自学的渴望。

（3）通过诸多文字及严谨的内容，使加盟商对品牌产生信心。

我们就以刚刚提到的产品手册来举例，当时那个产品手册中一共有 80 多个产品（主打产品、应季产品、持续更新产品、淘汰产品、其他配套产品等），每个产品都有十几页，一共编辑了 1300 多页，我那个朋友在与加盟商谈判时，通过全面细致的手册，提升了对方加盟的信心，增加了谈判的成功率。

同时，详尽与精美的内容还帮助加盟商激发了员工的学习热情，提高了员工的自学能力，降低了培训难度。最重要的是，这个产品手册大大提升了加盟商对盈利能力的信心。

在手册素材上，我针对现在年轻人的喜好，又增加了很多视觉营销的内容，比如，之前我们的培训手册都是采取手抄或文字打印的方式展现，拿到后学习完往往将其乱丢，而现在的产品手册不仅设计得精美，还增加了手册封面、目录、学习目标、学习时间把控等内容，犹如一本精美的画册，这样会让年轻人感觉产品手册更贴近他们上学时使用的教材，从而有一种熟悉感，因为熟悉感可以使员工不抗拒内容的灌输。

目前有很多制作精良的产品手册，都是针对年轻人的喜好来设计的，比如，手册中的示范图片，不再用普通员工的照片制作成示范图片，而是聘请颜值较高的年轻女模特来拍照，就和我们在做宣传海报时用美女来吸引顾客的营销技巧是一样的。

只有激发员工的学习兴趣，才能让当下年轻的餐饮从业人员更好地为顾客服务，真正理解顾客的需求，做好营销工作。

6.4 内部营销

营销无时无刻不在，营销除了对外鼓励顾客进行消费，对内也可以促使员工积极学习，以此提高工作效率，这是百胜从员工入职第一天就倡导的理念，就是让员工主动积极地学习，为升迁做好充分的准备，下面我们来具体了解一下。

6.4.1 “不让我升职，我就离职！”

不管是老板还是经理人，在日常工作中都不得不经常面对两个棘手的问题：一是员工因某种原因将要离职，但暂时没有其他合适的人选及时补位；二是员工将要升迁，但升迁后，此员工原有的工作岗位将会出现空缺。

无论是哪个原因，我们都不得不面对两个严峻的问题，那就是这个空缺的岗位由谁来及时补上；就算补上了，这个补缺的人选是否能胜任这个岗位。更有意思的是，这两种情况往往会同时发生在同一个人身上，也就是我们所说的“不让我升职，我就离职！”

举一个案例说明：某餐饮连锁企业，由于老板多年辛苦打拼，再加上几位得力的店长不断努力，连锁餐厅的数量不断增加。然而此时，他却遇到了两个瓶颈：一是开新店需要大量的资金支持，二是需要更多合格的店长来管理不断增加的新门店。

老板首先想到的是解决资金问题。方法很简单，就是组建公司，建立集中化的连锁管理模式，对外加盟，拓展市场，并吸纳大量的资金来解决第一个问题。至于人才问题，老板相信，等有了资金，这个问题也会迎刃而解。

但事与愿违，等到整个规划制定好之后，几个得力的店长都开始为自己日后的发展谋求机会。因为这个机会是他们等待许久并为之奋斗的目标，而且现在近在咫尺。大家都开始盘算此事，等待老板的升迁令。还有人主动来和老板谈及此事，甚至有人扬言，如果自己的要求被拒绝的话，将以离职的方式进行抗议。

从这个案例可以看出，本来这个企业发展良好，但就在关键时刻，老板的这个决定给自己带来了 4 个不可逾越的障碍。

（1）本来好的店长就少，如果将几位店长晋升至公司管理层，如果几家餐厅内暂时没有一个可以胜任店长的人选，那么势必会影响餐厅的经营。

（2）若为了维持餐厅正常运转而拒绝晋升几位店长的话，将打破他们长久以来的梦想。如此一来，人心必然大乱，会给企业带来不可挽回的人才危机。

（3）如果暂停组建公司的话，就等于暂停了连锁企业的发展，那样将错失大好时机。

（4）不管上述如何选择，必将会有人因此离开餐厅，给企业发展带来重创。

以上 4 种情况都是老板不愿看到的，美梦眼看就要破灭，只能后悔当初草率的决定，自己搬起了一块巨大的石头，而这块石头终将会砸在自己的脚上。

6.4.2 接力棒计划

我认为，上述问题其实很好解决，解决的方法就是制订“接力棒计划”。接力棒计划就是将老板手中的这块大石头变成接力棒，把它高高兴兴地传递出去，剩下的工作就是坐下来等待，等待团队变得强大，并最终实现自己的目标。

我们可能会想，接力棒计划到底是什么？如何把石头变成接力棒？如何把接力棒递出去？最终谁会拿到这个接力棒？这个接力棒的下一个选手会是我们所期望的那个人吗？

1. 接力棒计划到底是什么

接力棒计划是用来解决因升迁或岗位空缺等问题所带来危机的最佳方案。它是一个合理的内部升迁机制，就是由公司制订计划，并由员工自己来解决升迁危机中所面临的问题。

大家都看过四人接力赛，它的基本规则是：只有第一个人跑完自己的那段路程后，将手中的接力棒交由第二个人时，第二个人才可以起跑，第三个人同样如此，但比赛的最终结果一般是由第四个人决定的。

同理，如果一名店长想升迁，那么首先他必须接到下一级别的人（副店长）手中的接力棒，而这个接力棒就是副店长能够胜任店长职位的管理技能。同样的道理，这个副店长如果想去接替店长位子的话，那么必须有一个合格的助理来接替他的位子。依此类推，可以不夸张地说，一个餐厅店长是否能胜任，从而得到升迁的机会，也许最终会取决于一个餐厅服务员的能力，即跑第一棒的那个人。

了解了接力棒计划的运作原理以后，我们再来看一个新名词：升迁问责制。用上面那个案例来说，当那些劳苦功高的店长来找老板时，老板只需对他们进行升迁问责即可——“你的团队准备好了吗？”“你自己准备好了吗？”“你的下级准备好了吗？”

2. 如何把石头变成接力棒

了解了接力棒计划后，下一步就是要把石头变成接力棒。其实石头和接力棒是同一个东西，那就是升迁，我们不能单纯地把这个问题抛给那些店长，我们要帮助他们确立升迁的目标，教会他们如何利用接力棒计划来制定自己的发展目标。这时，他们的目标将会由升迁结果开始向升迁过程转移，当他们向这个目标迈进的时候，也是整个餐饮企业开始提升整体能力的过程。

3. 如何把接力棒递出去

大家已经基本了解如何把石头变成接力棒了，这时我们需要考虑接力棒计划的真谛，那就是需要整个团队都为这个接力棒而奋斗。也就是说，虽然你只给店长制订了一个接力棒计划，但实际上是向餐厅的每个员工都递出了一个接力棒，因此，大家都会为此而努力。

那么，我们到底要递出多少个接力棒呢？这就谈到接力棒计划的需求问题了。下面我们先了解一下百胜接力棒计划中接力棒需求数量的计算公式。

理想数量－当前数量＝需求数量＋预计离职数量＋预计升迁数量－训练数量＝未来的需求数量

以刚才那个案例来举例计算：

第一步：理想数量（1）－当前数量（1）＝需求数量（0）

第二步：需求数量（0）＋预计离职数量（0）＋预计升迁数量（1）－训练数量（0）＝未来的需求数量（1）

第三步：告诉店长，如果他想升迁的话，就要根据《接力棒计划需求表》来训练他所在餐厅的所有员工，一旦接力棒计划完成，目标（他的升迁）将自然实现，否则后果自负。

我想，到此时，这位老板已经不用再为店长的升迁而烦恼了，注意，这只是接力棒计划的一部分。

4. 最终谁会拿到这个接力棒

上面说到，我们已经向所有员工递出了接力棒，但最后花落谁家呢？这就取决于接力棒计划最关键的一个环节——考核。在考核之前，我们要搞清楚一个问题，需求数量不等于训练数量，同一个职级的员工需要采用竞争机制，这样才能使每个人都参与到接力棒计划中来，所以老板要制订完整的实施方案，并加以实施。

完整的实施方案如下：

第一步：根据实际需求制定《接力棒计划需求表》。

第二步：根据《接力棒计划需求表》制订时间计划、培训计划、考核计划。

第三步：将计划部分公示，并分配责任人。

第四步：对整个过程进行分阶段追踪及指导。

第五步：要求培训者展现培训成果，负责人对展现的结果进行考核。

到这里，接力棒计划已经完成了 95%，大家不难看出，其实这个递接力棒与接接力棒的过程就是一个特殊计划的实施过程：确立目标—收集信息—制订方案—执行—追踪—反馈—目标达成。

这时，我们还没做到百分之百地完成目标，因为我们还有 5% 的工作没有做，那就是反馈。利用反馈信息，让员工自己产生足够的上升动力，这个技巧的运用最早出现在百胜，它是一个比较成熟的内部营销系统。

5. 这个接力棒的下一个选手会是我们所期望的那个人吗

接力棒递出去了，但这个人是我们想要的那个吗？我还用那个案例来说明。我们来回顾一下之前的内容：我们根据公司发展计划计算出了公司总部的职位需求数量，然后告诉各位店长我们的方案，并帮助他们制订接力棒计划；最后他们为此而训练他们餐厅的工作人员，这时当接力棒计划完成到追踪阶段时，我们的店长数量将是原来的 2 倍甚至更多。

所谓的反馈，其实就是我们对店长执行接力棒计划的一个评估结果，这个当然要由制订计划的人来决定了，如果计划制订人和最终评估人是同一个人（老板），那么你说这个接接力棒的人会是老板所期望的人吗？

6.4.3 接力棒计划在百胜的应用

下面我们就来分析一下百胜是如何运作这个接力棒计划的。

1. 根据实际需求制定《接力棒计划需求表》

2002年3月12日，百胜集团宣布：集团内除已拥有并经营的必胜客、肯德基及塔可钟三大著名连锁品牌外，还收购了A&W及Long John Silvers两个国际餐饮品牌。在收购这两个新品牌的同时，百胜实际上也开始悄悄开展这个接力棒计划，只不过这个计划十分庞大，在百胜，接力棒计划主要涉及三个方面。

（1）总部搭建需求：百胜在收购A&W及Long John Silvers这两个国际品牌之后，也在酝酿必胜客宅急送的品牌营销计划，而且现有机构面临改革重组，需要储备大量的高级人才。

（2）餐厅扩张需求：自1990年进入中国市场以来，百胜一直都在解决地区差异化的问题，为2003年大规模扩张积蓄力量。

（3）人才更新需求：企业在每个阶段都需要不同的人才来突破瓶颈，突破瓶颈最有效的办法就是改革，而改革会涉及人才更新问题。

2. 根据《接力棒计划需求表》制订时间计划、培训计划、考核计划

百胜根据以上不同需求来制订不同的时间、培训及考核计划，但这些计划直到今天，我们都不知道其具体的方案，我们只能通过结果来倒推这些计划的基本轮廓。

（1）根据总部搭建需求：百胜开始大量吸纳人才，范围之广让很多

人始料未及，其中包括同类国际餐饮知名品牌经理人、酒店专业餐饮经理人、自有餐厅潜力经理人等，估计每个职位的备选数量不低于需求数量的 3 倍。

（2）根据餐厅扩张需求：百胜开始实施接力棒计划，放宽对管理组应聘者的户籍要求，对计划开店的外省、市、地区着重储备管理人员，并加以重点培养，目的并不是培养餐厅经理，而是某个地区的区域经理。

（3）根据人才更新需求：前两个计划实施完毕之时，也是第三个计划开启之日，所以在 2004 年至 2006 年，餐饮市场出现了大批百胜职业经理人的身影，对于餐饮市场来说，这无疑是一个好的机遇，国外的先进管理经验从此开始走出跨国企业的堡垒。

3. 将计划部分公示，并分配责任人

这一部分是最宏大的一个工程，同时根据三个计划开始运作，大多数的计划制订者也是计划中涉及调整职级的人员，如有一步偏差，后果将不堪设想，时至今日回想起来，这个庞大计划的成功运作简直不可思议。

人事及营运部门开始对外大量招聘人员，在各家餐厅制定详细的《接力棒计划需求表》，并制订时间计划、培训计划、考核计划，外来招聘管理组与内提管理组同时接受训练。单店配备的数量由公司扩张战略与餐厅特性来决定，以公文的形式将任务下发到各门店管理组。

就拿助理职级的人员举例，每家餐厅的助理职级人员储备数量是所需数量的 2 倍左右，如果此餐厅有开店计划的话，助理职级人员的储备数量远远高于餐厅营运所需的管理人员，再加上服务组及其他管理职级储备，可以说 1~2 个月就可集合一批一家餐厅营运所需的标配人员。

4. 对整个过程进行分阶段追踪及指导

百胜为了实施计划，也做了大量的指导和追踪工作，对培训系统进行完善。最明显的举措就是提升培训工具，最开始必胜客的培训手册是以肯德基的为主的，甚至可以看到肯德基的操作流程，虽然每本培训学习手册都有独立编号，但顺序是混乱的。改革后，为了便于对必胜客门店的指导与追踪，百胜根据必胜客的实际情况及培训顺序，重新将培训手册进行修改与排序，使各个环节的衔接更加紧密。

培训计划规定了从一个组长到一个餐厅经理所要学习的步骤及所有课程，并专门指派负责人对其进行指导 ，而且每个级别的人员的学习内容都涵盖了如何对下属进行有效的训练与指导等。

5. 要求培训者展现培训成果，负责人对展现的结果进行考核

对管理组培训完毕后，计划制订者要求他们对培训成果进行展现，而展现的过程也是他们对其下属培训的过程。

整个流程走下来，我们可以看到两个结果：最好的结果是全部合格，大家皆大欢喜，餐厅运营不会受到影响，整体能力提升，总公司也有了更加优秀的管理人员上岗；最坏的结果是即使店长离职了，餐厅也至少有一倍的店长储备人员，而且如果有人离职，也就意味着下一个接力棒计划又要开始实施了，每个餐厅团队的能力又要开始整体被提升了。

接力棒计划有如下几个好处：

（1）当一个工作岗位空缺时，可以马上安排合格的员工及时补位。

（2）通过这个计划可以准确地了解人员配置需求。

（3）帮助管理组及服务组不断提升他们的能力。

（4）突出工作重点，增强员工的责任心。

（5）实现内部升迁，并由此来提高利润。

（6）发现影响餐厅配置需求的因素。

（7）降低离职率。

（8）人员管理更加合理。

6.5　外部评估

我们前面说过，百胜的营销体系分为内部营销（主要针对员工）和外部营销（主要针对顾客）。

学习营销知识后，我们可以将它应用于很多场景中。当我们系统化地学完营销知识以后，我们就会发现，营销不仅是一种手段，也是一门学问和一种思维方式。

下面我们就站在一个更高的维度，利用营销思维，从心理学的角度对餐饮连锁企业的综合状况做出快速、准确的判断。

我们可以从以下 4 个方面去评估一个餐饮连锁企业的整体状况。

1. 停车场的卫生

在西方国家，很多人外出就餐都是开车去的，所以停车场的卫生是顾客评判餐饮商家经营水平的一个标准。一般餐厅门前停车场的卫生情况与餐厅大堂的卫生情况正相关，所以，一个开车前来就餐的顾客，只要来到停车场，用一两秒钟就可以知道是否要去这家餐厅就餐。

因此，西方餐饮企业对停车场等辅助设施极为关注，这样可以无形中争取到 30% 的潜在顾客。肯德基创始人 Harland Sanders，每次巡察餐厅时，一般不会下车，都是在停车场转一圈就走，有时他还会下车去停车场捡拾垃圾及杂物。

其实这也不难理解，如果一家餐厅的管理混乱或者卫生情况较差，它哪还有时间和精力去顾及餐厅之外的地方。只有将餐厅的卫生做到百分之百干净整洁的时候，他们才会有时间去注意停车场的卫生。

2. 厨房的卫生

一般来说，这是外行人很难知道的。厨房和大堂的环境是截然不同的，大堂属于完全开放的区域，而厨房基本上属于完全封闭的区域。一般人根本就没机会去查看餐厅厨房的卫生，所以厨房的卫生往往就成了“老大难”。这时，我们就可以通过卫生间的卫生来评估厨房的卫生。

因为这两个地方所属的区域完全不同，但都属于“老大难”。在用餐高峰时段，如果隔 15 分钟不去清理，餐厅就会出现很大的卫生问题，所以餐厅需要投入大量的人力来清洁。如果商家愿意投入更多的人力、时间及成本来治理厨房的卫生，那么肯定也会将卫生间一并处理的。所以，我们可以通过卫生间的卫生情况来得知厨房的卫生情况。

3. 总部的管理能力

在一个餐饮连锁企业里，每家餐厅的管理因地域或区域的问题多少都会有执行不到位的地方。如果这个企业只有几家门店的话，我们只须看一下每家的管理状况，就可以知道这个企业的运营及管理水平了。但如果它拥有几十家或几百家门店呢？我们不可能一家一家去看，更不可能通过几家就来判断这个企业的管理能力。那么，我们可以直接去看它的总部。

因为每个餐饮连锁企业总部的工作人员都很繁忙，而且在总部工作的员工基本上都属于高级决策层和管理层。所以，我们只要看一眼总部的办公环境，就可以了解门店的管理水平。通过办公环境及设备来判断企业的经济实力；通过室内陈设和办公设备的清洁程度来判断企业的管理水平；通过现场办公人员的仪容仪表及谈吐来判断企业文化。通过以上三点就可以判断这个企业老板的思维方式和综合管理能力。

4. 员工的忠诚度

大家应该都知道，一个老板的领导力与亲和力可以在员工的忠诚度上得到充分的体现。但我们不可能跑到人家公司的人事部去查看员工的档案。所以，我们只要看看他们办公桌上的私人物品就可以了解一二。

员工的忠诚度越高，他放在公司的私人物品就越多。忠诚度一般的员工会自己携带水杯和办公用品，忠诚度较高的员工会携带衣服及洗漱用品，而忠诚度最高的员工会把照片、个人日程表等隐私物品放在公司。

6.6 排班系统

排班首先要考虑的是运营需求，即满足当日的工作量。之前我们也说过，餐饮连锁企业的营销体系都是以利润为核心、以营销为主线的，贯穿于所有的系统及板块，就连员工排班也是如此。下面我们就以肯德基的排班流程为例，讲一下如何利用营销技巧与手段更好地进行排班。

首先，要满足外部运营刚需。

其次，在满足外部运营刚需的同时，尽量满足员工的需求，以此作为奖励来鼓舞士气，拉近企业与员工的关系，提高他们的忠诚度。

具体步骤如下：

第一步是预估营业额——根据历史数据、天气情况、节日情况、目标营业额及门店营业额等相关数据，预估当天的营业额，再根据当天营业额预估当天每小时的营业额。

第二步是沟通——与人事组沟通看是否有人要离职或需要招聘员工，与培训组了解熟练工的比例及效率情况，与设备组、清洁组及营销组沟通其他工作所需的人手及时间安排。

第三步是排班——根据预估营业额按照排班流程进行排班。将管理组、员工组、培训组、清洁组、设备组、订货组等员工按理想状态进行排列组合。

第四步是审核——由店长进行审核，保证排班表美观完整，工时可满足优质服务的需要，并且不会影响员工的士气。

第五步是公示——张贴于员工栏，让所有人员进行核对，并根据实际情况随时调整。一般提前三天公布下一周的排班表。

若能完成以上五步，就可以在保证顾客、员工及公司利益的前提下，最大限度地节约人工成本。

此排班表最大的特点就是在一年中会出现 365 张完全不同的排班表，而班表的最小单位为小时，有时 15 分钟也可以作为一个周期。当天值班经理手中的人员每小时调整一回，从而使人工成本降到最低。

其实，国内餐饮企业也可以部分或完全应用这套排班系统，以解决越来越大的人工成本需求和企业发展之间的矛盾。

第7章 营销实战语录

在我20多年的职业生涯里，我用10多年时间专门研究餐饮业的营销案例、营销落地及营销利润获取，每年给很多个餐饮品牌进行辅导及咨询。

我发现，真正有用的营销知识只能来源于实战，而真正能够检验知识是否有用的，只有经济效益。在实战中获取知识的过程是一个反复论证、反复否定、反复萃取的过程。对于这些过程中的一些心得，我喜欢用言简意赅的语录形式进行记载保留，所以我在这一章对这些实战语录进行了分类，并分享给大家。

本章的主要知识点：

（1）给餐饮创业者的忠告

（2）餐饮行业的生存之道

（3）识破餐饮营销的真面目

（4）从营销的角度看餐饮业

7.1 给餐饮创业者的忠告

餐饮创业者在刚刚入行的时候，没有什么从业经验，大多数的经验都是通过道听途说得来的，其中有很多都是不切实际的。所以，创业者第一次进入餐饮圈时，成功率一般都很低。成功率之所以低，就是因为刚入行时，创业者都是以顾客的角度来审视餐饮业的行业规则的，总是只注重菜品、服务、管理、装修等，岂不知，不成功的营销才是餐饮创业者失败的原因所在。如果没有顾客来就餐，你准备再好的食材也是徒劳的。下面我们就来分享一下餐饮创业者应该知道的一些行业规则。

7.1.1 不要被外行人“拉下水”

绝大多数餐饮创业者，都是被一些懂营销的人“拉下水”的，而这些人大多是外行人。曾经有人感叹：“创业者是最谨慎的，但也是最好骗的。”为什么这么说，因为他们看不清行业内的是非，能教会他们成长的，只有自己的教训或像我这样分享别人的教训的老师。

7.1.2 团购不是营销手段

团购是营销工具，不是营销手段。团购用好了，日进斗金，用不好，人财两空。对于团购，大多数餐饮人还都处在一知半解的阶段，所以我建议大家三思而行。

7.1.3 少对自己进行“负面营销”

少看“鸡汤”文章，少对自己进行“负面营销”。这类文章乍一听很有道理，但实际上它们只不过是给我们的懒惰编织一些理由罢了。

7.1.4 好吃是最不靠谱的

餐饮创业者营销时，千万别说“自己的菜品好吃”，因为顾客最终买不买账还是个未知数。创业者在做营销的需要考虑以下三点：

（1）投资人是否靠谱

（2）合伙人是否靠谱

（3）项目本身是否靠谱

若以上三点都靠谱，再考虑产品是否靠谱。否则，创业就会成为你人生中的一次“偶遇”，而创业成功也会和你“擦肩而过”。

7.1.5 避免自我催眠式营销

“资源等于利润”这种说法是一种典型的自我催眠式营销。在这个信息爆炸的时代，很多人因自身拥有优质的资源而投资创业，却忽略了其他要素，即有效资源的甄选、资源的转化及变现的方式。

7.1.6 商业计划书中要谈营销

如今早就过了空口白牙谈投资、谈合伙、谈加盟的年代了，所以，商业计划书成了创业者迈向成功的必需品。

大多数商业计划书都是由创始人及企业高管撰写的，这些计划书通篇都在说项目前景如何好，令投资人心中激动不已。可一谈到钱，投资人就开溜，不愿投资。所以要想让投资人痛快地下决心投钱，商业计划书要涉及以下 4 个方面的内容：

（1）要投资人投多少钱

（2）最后能赚多少钱

（3）怎么赚钱、怎么分钱

（4）论证上述内容的真实性，证明你不是在胡扯

7.1.7 工作太累不是你创业的理由

我有个朋友是做 IT 行业的，他说他的公司是“996”，太累了，想辞职创业，问我有没有好的项目。我劝他不要辞职，因为餐饮业不忙的时候是“996”，忙的时候是“997”。如果你是餐厅老板，不忙的时候是“997”，忙的时候是“999”，简直忙得要命啊。

7.1.8 一上来就创业成功有可能是你成长路上最大的障碍

如果有创业者刚进入餐饮圈就成功了，那么他真的要小心了。我辅导过几百个餐饮品牌，最怕的就是那些一上来就创业成功的创始人。在辅导此类餐饮创业者时，每次我都重申：

（1）我的方法不花钱、不犯法、还挣钱，但请你不要自由发挥。

（2）我负责帮你想挣钱的方法，你只负责执行就好。

（3）不要问我花钱的事要不要做，我的答案永远是“不要”，挣钱的事那么多，哪有时间浪费在花钱上。

7.2　餐饮行业的生存之道

当餐饮人创业成功以后，就会面临如何做大做强的问题。这是大多数餐饮连锁品牌的必经之路。说实话，这个过程比创业轻松不了多少，因为创业之初，虽然没有经验，好在门店比较少，靠个人能力还能游刃有余。随着门店增多、规模变大，我们的精力就会被分散，以致我们在企业发展方面不是瞻前顾后，就是急功近利，容易走弯路。下面我们就来分享一下餐饮行业的生存之道。

7.2.1　避免内部管理混乱

企业文化陈旧，就容易导致内部管理混乱，使得企业内部人心惶惶，工作效率低下。

7.2.2　投资情怀不可取

我们知道餐饮行业的抗风险能力较低，只有资金链完好、资金来源多、资金组合形式多的餐饮企业才能真正抵抗风险。所以，要不要开加盟店和缺不缺钱没关系，而是和未来市场的抗风险能力有关。

再就是加盟的时机。只有直营店挣钱的时候才能让别人加盟，如同不缺钱的时候才最容易借到钱，道理是一样的。

情怀需要用资金来支撑，资金需要用品牌来置换，而用品牌来支撑情怀这种风险是很大的。

7.2.3 度过“三道天劫”

餐饮创业者要度过的“三道天劫”：1 年、3 年、10 年，真正走出了从“百里挑一”到“万中无一”的道路。在一个看似没有门槛的行业里生存下来，需要莫大的能力与智慧，尤其在营销这件事上。

7.2.4 品牌既要有“脸”，也要有“心”

营销是“脸”，产品是“心”。没“脸”，顾客才懒得知道你的“心”到底好不好；没“心”，光指着这张“脸”混一辈子显然不可能。

不是顾客不认老餐饮品牌的“心”了，而是时代变得“看脸谈心”，你连“脸”都不洗，顾客都懒得看你，更别提了解你的“心”了。对于一些新餐饮品牌（如网红品牌）的“脸”，虽然顾客一时喜欢看，但他们并不傻，商家切莫以为“青春饭”可以吃一辈子。

7.2.5 餐饮圈中的各种“斗”

营销无时无刻不在，它存在于所有人之间，如上下级之间、企业与员工之间、商家与顾客之间、企业内部与外部之间等。

（1）与员工“斗”工资：员工输了就离职，搞得很多老板都不敢“赢”。

（2）与顾客“斗”尺度：折扣低、服务好、环境美，总之就是要考虑如何才能让顾客感觉自己“当了上帝”。

（3）与供应商“斗”价格：质量差的不一定便宜，但质量好的一定很贵。

（4）与房东“斗”底线：一个怕轰人，一个怕走人，互相都肝儿颤，但都假装无所谓。

（5）与自己“斗”格局：“百忍成金”“吃亏是福”“初心不改”成为大多数从业 5 年以上的餐饮老板的座右铭。

7.2.6　在改革中涅槃重生

所有的品牌，当它走到一个阶段的时候，都希望用改革来涅槃重生，但有很多惯性思维会害了它，最后使得自己元气大伤，所以我们要知道在改革中哪些事做不得。

（1）改革这件事，老板最好不要自己上，授权给负责人就好。

（2）改革一定不能损害老员工的利益。

（3）改革负责人必须是从企业中选出来的，这样他才不至于把改革搞成“战争”。

（4）改革负责人一定不能是刚从企业中出来的人，否则他下手不知轻重，上来就搞开天辟地的大举措，这样的话，改革基本上都会以失败告终。

（5）改革负责人一定是操盘过改革的人。

（6）改革改的是人心所向，改的是利益分配方式，改的是组织关系，一切都要根据企业自身的情况去调整。

（7）无论改革成功与否，改革负责人将来一般都会“走人”。所以，多花点钱也没关系，毕竟受累、背黑锅的都是他。

（8）改革这件事，不要交给老员工去干，越了解企业，他越受限制。

（9）改革负责人本人要明白，无论老板怎么支持你，3 个月看不到效果，也会质疑你的能力；6 个月看不到效果，即便没人说你，你也是失败的。所以，先从小事着手，一步步推进改革。

7.2.7　传达正确的企业文化

企业文化的建设需要深入人心，因为在企业这座“房子”里有很多结构：

（1）老板是“大梁”，管理者是“柱子”，员工是“墙”，大家紧密团结在一起，才是一个“房子”。

（2）老板很重要，“大梁”折了，无论房子里有多少人都会被掩埋。

（3）管理者是“柱子”，不管是哪根柱子，都要给力，否则房子会倾斜。

（4）员工是“墙”，没有墙，企业成不了“房子”，最多是个“亭子”。

（5）在好的企业中，员工和管理者会融为一体变成“承重墙”。

（6）企业如果没有人才梯队建设，在发展的过程中，只能拆东墙补西墙。哪天若拆了“承重墙”，企业就彻底完了。

7.2.8　有错必纠

我曾接受过一个媒体的采访：关于海底捞 2020 年 3 月涨价后，又把价格降回来了一事，我的看法如何。

别的不说，海底捞是中国餐饮品牌中让我最佩服的企业。无论战略上出现任何错误，它都会立即纠正，绝对不会为了面子或别的什么多扛一天，它清晰地知道市场的“屠刀”是六亲不认的。

7.2.9　企业消亡源于内部

一次，我接受了某媒体将近一个小时的采访，对方问我：那几个“又大又老”的品牌，为什么逐渐消失在大众视野里了？

我的看法是：品牌和人一样，上了年龄，经验虽越来越多，但胆子越来越小，总是在“变与不变”的问题上止步不前。时间长了，企业中的老人和新人都知道，任何努力的结果都是原地踏步，所以，对于他们来说耗到下班才是自己今天工作的目标。如果企业的员工都是这种状态，它不消亡，谁消亡。

7.3　识破餐饮营销的真面目

餐饮业干得久了，从业者就会变得特别爱学习。因为刚进入这个行业的时候，觉得干餐饮特别简单，后面越干越觉得自己无知，所以就变得特别好学上进，尤其是对于营销知识的学习。下面我们就来学习一下餐饮营销的真面目。

7.3.1　营销的本质是一种逻辑思维

只有根据实际情况去考虑营销方案，这个方案才有可能落地，就像我经常被问到三个问题：

老板问:“王总，推荐几个人才吧”

——你要告诉我你提供的薪资水平和工作内容啊。

投资人问:“王顾问，推荐几个项目吧”

——你要告诉我你的投资总额和意向啊。

创业者问:“王老师，推荐几个成功创业的方法吧”

——你要告诉我你的门店困境和期望目标啊。

市场是一台“绞肉机”，会绞杀一切脱离市场的“理想”。任何“理想”要想实现，都必须用营销的思维去考虑一个重要的事情，那就是“靠谱”。要想“靠谱”，就要先收集及分析核心信息，所以不要一上来就向我要结果。

7.3.2 谨慎发放储值卡

关于发放储值卡这一方式，政府一直在做调研分析，政策一旦落地，未来出台的四项管制要求可能如下:

（1）储值金额将沉淀在指定银行中。

（2）预付消费将必须提前开具发票。

（3）关店前，预存的储值将按纠纷清算。

（4）储值纠纷将影响法人信用积分。

7.3.3 不要轻信所谓的顶层商业思维模式

虽然顶层的商业思维模式是清晰可行的，是可实现盈利闭环的，但它终究也会被时代打破，从而遇到瓶颈，所以不要轻信所谓的顶层商业思维模式。

7.3.4　找到自己的真正需求

我们既不需要“雪中送炭”，也不需要“锦上添花”，我们需要一个兼顾品牌短期获利与品牌长期升值的营销方案。

7.3.5　品牌营销是一把双刃剑

品牌营销最大的危机是不管你因何出错，一定会遭到大众的极力批判。你以为批判你的是竞争对手吗？其实不是，多数是素不相识的人。

所以营销要适度，如果不是因为要融资或开加盟店，餐饮品牌的知名度太高也不见得是一件好事。

7.3.6　沟通要讲究方法和技巧

在沟通中，营销语言是不可或缺的。但要牢记，这里的营销语言是利用技巧来清晰、友好地表达自己的观点，而不是欺骗对方。

（1）不管是加盟、融资、改革、培训、合作或者管理上的失败，绝大多数都是沟通出了问题，所以要有技巧地说服对方信任你。

（2）沟通内容光有共同获利点是远远不够的，如果不注意方法，说啥都白搭。

（3）只要双方就一件事有 2 次或 2 次以上的沟通，就说明双方或多方存在合作的基础与可能性。

（4）只有共赢才能实现合作，不要只关心自己是否获利，只关心自己的利益，那不叫沟通，会让对方认为你在挣他的钱。

（5）参与者的参与方式及参与力度，取决于对营销后期获利的评估。

（6）沟通若失败了，多数是因为阐述观点的人太为自己的利益谋划，而没能使其他参与者看到足够多的价值。

（7）参与者退出的原因：获利过小、获利不公、获利不靠谱、支出大于盈利、盈利模式不清晰、参与的团队松散等。

（8）沟通不是让对方明白你想要什么，而是阐述为什么对方只有参与了这件事，他才能实现利益最大化。

（9）所有事情的沟通，都需要逐步增加信任，当发现有降低信任的人出现时，应第一时间将他踢出。

（10）要想实现成功沟通，关键在于如何将你要做的事情，符合每个参与者的利益需求，如果你根本不了解对方的需求，那么一切沟通都是无效的。

7.3.7 营销中的“二八定律”

很多定律对于企业管理都有很好的指引作用，比如二八定律，它对营销来说也有很大的启迪和指导作用，值得我们深入思考。

（1）餐饮企业要想有所突破，需要寻求 20% 的外部因素，这样才能使剩下 80% 的内部因素发生质变。

（2）餐饮企业 80% 的问题，都是由 20% 的员工解决的，剩下 80% 的员工是负责产生问题的。

（3）干企业干得不顺，20% 的原因是大家都不愿意操心，80% 的原因是太多人在瞎操心。

（4）当餐饮企业做得好时，会有 20% 的顾客表示认可，当它做得不好时，会有 80% 的顾客替它到处传播。

（5）当餐饮企业的业绩或利润下降时，80% 的创始人依然会选择以各种理由观望，直到下降幅度超过 20% 时才动手，而这些人基本上都是在被动地瞎折腾。

7.3.8 营销方法在点菜中的应用

对于餐饮从业者来说，点菜是每天都要发生无数遍的事情，我们天天做，一天做几百遍，但我们真的会点菜吗？下面我们从营销的角度来看看如何点菜。

（1）头三次来的顾客在点菜的时候，基本上都会把菜单从头到尾翻 1.5 遍后再点菜。

（2）菜单最后一页左边比第一页左边的关注度高很多倍。

（3）大图片的菜单吸引力虽然大，但大过单页 50% 的版面就会适得其反，顾客会觉得这页没什么东西。

（4）大多数请客的人，总希望多点菜、少花钱。所以，一般在点菜时提醒他菜点多了，会赢得大单顾客的回头率。

（5）大多数被邀请的人点菜，都不会点好菜，所以要推荐那些价格不贵但利润高的菜品。

（6）推荐菜品时，千万不要啰唆，否则就会招人烦。

（7）顾客刚到的时候，先把菜单拿过去，不要点菜，除非对方叫住你要点菜，要让对方放松下来。

（8）在加菜或饮料时，最好只说 2 种，让顾客选择其一，这比给 3

种选择要好得多。

（9）一男一女吃饭，结账时，先把账单递给女士，让男士抢过来，对于结账的那位来说，下次还愿意来。

（10）顾客点菜，一般先看大众菜，即使不点，他也会以此为标准，衡量餐厅的价格水平。

7.3.9 提高风险意识

面对 2020 年的疫情，餐饮业严重受创。其实在 2019 年，我说了一年关于“放加盟”“不开直营店”“关闭亏损店”的事，其实就是希望餐饮商家或餐饮企业囤积现金，并将 50% 的现金抽离餐饮业本身。

这些话在 2019 年我至少和上百个餐饮老板说过，理由只有一个：先摸摸心，再摸摸兜，问问自己，出了事，你能兜底吗？

7.3.10 关于加盟的秘密

（1）放加盟这事太简单了，难的是突破思维限制——品牌越成功，越难放加盟。

（2）加盟这件事都是让“专业”的人谈砸的。

（3）我所说的这些加盟技巧都是被打磨过几百遍甚至上千遍的，但不要在执行上打折扣。

（4）把 30% 的加盟费花在已加盟者身上，这才是王道。

7.4　从营销的角度看餐饮业

我专门研究餐饮营销 10 多年，并在实战中不断积累经验。最终我发现，要想做好餐饮营销，就要用营销的思维来思考问题，用营销的角度来审视问题。下面我们就来分享一下如何从营销的角度来思考及审视我们遇到的每一个问题。

7.4.1　正宗不正宗

一个产品，一个技能，一个理念，如果能够产生价值，它就是正宗的，如果不能，那它很有可能是在为自己的过时找借口。

（1）有些人为了产品正宗不正宗争得面红耳赤，要我说根本不用争，让市场来说话，谁卖得好，谁就正宗。

（2）有人为了管理体系正宗不正宗追根溯源，要我说根本不用争，让企业来说话，谁能省钱，还不挨员工骂，谁就正宗。

7.4.2　品牌加盟的思维格局

很多品牌都做不好加盟，我觉得多数都是思维出了问题，下面我们就来分析一下哪些观念阻碍了品牌的发展。

（1）不要在挣钱的时候死活不开放加盟，非要等到不挣钱的时候才开放加盟。

（2）加盟不是为了挣钱，而是为了品牌多线发展，为了抵抗那些你或许不信但必然会出现的致命风险。

（3）意向加盟者正因为不是内行人，所以才加盟，你若一味卖弄专业，最后只能逼他们离开。

（4）直营店能赚钱，不代表加盟店就能赚钱；反之，直营店不赚钱，不代表加盟店也不赚钱。

（5）加盟一个不靠谱的品牌，成功率或许不到 5%；加盟一个靠谱的品牌，成功率也不会超出 20%。

（6）加盟费的高低，不取决于品牌的盈利能力，而取决于绝大多数加盟者的底线。

（7）不管加盟商挣不挣钱，一两年之后他们都会“变心”，钱挣得越多，“心”变得越快。

（8）加盟店是否盈利，决定因素不是加盟费。所以，收不收、收多少加盟费，不用太纠结。

（9）市场上很多餐饮品牌看似生意火爆，其实有的已经赔了血本，只是演给投资人和意向加盟者看的。

7.4.3　餐饮业的发展规律

餐饮业发展的第一个瓶颈会出现在开第 1~3 家店的时候：

（1）第 1 家店越快成功，到开第 3 家店时瓶颈就越难突破。

（2）很多餐饮老板都以为连锁就是要统一产品、装修风格、价格、管理方式。

（3）越懂管理，起步越难；越不懂管理，发展越难。

（4）有一半的餐饮创业者，从未开始过创业。

（5）很多餐饮创始人听不进别人的劝解，不是因为他的格局有问题，而是他们还未经历过失败，无法自我否定与蜕变。

（6）在如今这个时代，只因为“菜品好吃”就敢开餐厅的人，他的成功率微乎其微。

（7）很多餐饮创业者在创业初期都想得很多，落地的时候才发现，根本无从下手。

（8）很多成功的经验“看似宝贵，实则廉价，根本无用”。

7.4.4　不要过于痴迷标准化

很多方法，不在于有没有用，而是怎么用，这里的门道很多，每年因为标准化而做大做强的企业不少，但因盲目标准化而失败的企业更多。

（1）西方餐饮企业比中国餐饮企业更了解人性，所以用标准化代替了人性。

（2）中国餐饮企业比西方餐饮企业更善用人性，所以恩威并施掌控人性。

（3）中国餐饮企业向西方餐饮企业学习的原因在于连锁发展得过快，因为掌控人性是需要精力的。

（4）西方餐饮企业向中国餐饮企业学习的原因在于标准化遇到了瓶颈。代替人性的标准化是人做出来的，若学不会掌控人性，标准化的效率就会越来越低。

（5）不要过于痴迷西方餐饮企业的标准化，但也不要一口否定它。

7.4.5 不要相信成功学

餐饮圈是我见过最爱学习的一个行业，大家争先恐后地学习，但很少有人去深究学习的内容是否有用、是否过时。

（1）很多成功的方法只存在于理论层面，并不具备落地的可能性，所以只是听上去有道理。

（2）餐饮企业的成功带有时代的偶然性，如同彩票中奖的技术分享一样，听听就行。

（3）没有哪个餐饮企业会把自己真正的成功秘诀公布于天下。

（4）很多成功案例其实从未真正成功过，只是大众爱听而已。

（5）某个品牌成功经验的分享会，也许就是一次“挂羊头卖狗肉”的品牌营销。

（6）品牌的成功，多数是创始人的思维偶然与时代风口浪尖的无意契合，所以其成功不可复制。

7.4.6 心态很重要

要想在餐饮行业中立足，除能力和技术外，心态也起到了关键作用。

（1）没有一个员工愿意当一辈子打工仔。

（2）没有一个老板过得像看上去的那么风光。

（3）三年一代沟，有了代沟，说话如隔山。

（4）企业文化其实就是老板文化，认同企业文化，其实就是认同老板。

（5）从时间、成本、效率等方面综合考虑，饭局是中国人最优的选择。

（6）大企业的辉煌，或许只是当年的误打误撞，恰巧活下来了，哪有那么多的成功分享。

（7）职位越高的人越务实，只不过他们务实的方式越来越隐晦。

（8）第一次创业的人，精神需求远远大于物质需求。

7.4.7　产品定价有窍门

顾客认同“便宜没好货”的观点，但在不知道是不是好货的时候，他们愿意买最便宜的，所以我们要站在顾客的角度，用营销思维考虑产品定价的问题。

（1）当产品价格有三种或大于三种选择时，最高的和最低的都容易被人的潜意识否定。

（2）人们都是从最熟悉的大众菜来评估餐厅的整体价格。

（3）菜单首页左边的菜品点击率低和菜品的价格无关。

（4）来餐厅就餐使用团购券的 70% 的顾客，其实不是图便宜来的，而是进来后发现商家有团购活动，所以才用团购券结账。

7.4.8　商铺选址的原则

不管是新品牌还是老品牌，商铺的选址都是商家不能回避的问题，但这里也有不少陷阱，值得我们注意。

（1）商铺的免租期越长，位置越差。

（2）在公共媒体看到的私人商铺，要慎重选择。

（3）住宅小区的商铺，车位越紧俏的，位置就越好；车位免费，并且随时都有的，都是人流量少的地方。

（4）晚上小区亮灯越早，消费能力越差。

（5）对于成熟的商场来说，招商时觉得你的店不赚钱的概率越大，房租要的就越高。

（6）选择商铺时，房租只是十几件要商谈的事项中的一件而已。

（7）如果你想让招商人员给你一个合理的价格，你必须给出合理的理由，否则硬生生砍价，那只会为难彼此。

7.4.9 如何巧妙利用“山寨”品牌

虽然“山寨”品牌特别让人讨厌，但很多人不知道，“山寨”品牌还有一个作用，那就是验证真品有多真。

（1）消费者通过规模来判断谁是“山寨”品牌，即谁的店多，谁就是真的。

（2）品牌的成功源于创始人的思维方式，就算“山寨”品牌再完美，也只是自我感觉良好而已。

（3）对于品牌来说，“山寨”品牌的投资人，都是想和你一样挣钱却无法志同道合的人。

（4）你的品牌一旦成功，市场上会有大量投资人投资“山寨”品牌，即使打不垮你，也让你时刻难受。

（5）不要试图封堵“山寨”品牌，而要学会借逆风扬帆破浪。

7.4.10　先做大还是先做强

关于“先做大还是先做强”这个问题，我认为不用考虑，肯定是先做强，在做大之前，说破天，你也就是个“小强”，谁都想踩扁你。

（1）在做大这个问题上，没有一个创始人敢说真正做好了准备，所以将品牌做强成为他们不敢做大的借口。

（2）做大需要借助外力，如资源、资金、资历，而做强则是靠自己，如思维、团队及系统。

（3）企业无论大小，规模上的原地打转是最可怕的。

（4）创始人为什么要出让股份呢？不是缺钱，而是资本对市场风险更敏感，绑着资本企业虽不一定能做长，但一定不会血本无归。

（5）在做大做强的问题上，创始人没有太多时间去犹豫，因为市场每一秒都在前进和变化中。

（6）千万不要给别人讲述自己曾经辉煌的事迹，没有人愿意听你曾经的辉煌，都想知道你现在是如何成功的。

7.4.11　用营销思维来做投资

用营销思维来审核投资理念，那就是收益必须远远大于投资。举一个我曾遇到过的案例：投资人的合伙人是个资深的厨师，他把项目简介发给我看，5 分钟后我就给他砍掉了一半的投资成本：

（1）几万元的欧洲进口的收银软件和几千元的国内同类的收银软件的功效完全一样，直接换成便宜的，可节省好几千元的成本。

（2）厨房设备费用太高，更换、改用、放弃部分没用的。

（3）人员成本高出同类同质的40%，直接砍掉一半。

在筹建新项目或创立新品牌时，后期的营销可以先不谈，但前期至少要了解：选址开发、商圈定位、厨政管理、装修工艺、消费趋势、成本管控、人员管理、人脉资源、市场报价均值等指标是否符合营销逻辑（收益必须远远大于投资），否则，市场上就会多一个迅速倒闭的餐厅。

7.4.12 厘清合伙人关系

合伙人起初的相互认同和鼓励，是一种互相“催眠”的行为，所以那时合作的风险很难被发现。我们知道，把控“合伙”很容易，把控“人”很难很难。

所以，如果合作初期不能做到以“营销思维和营销角度”对合伙人的责权利进行量化与制约，那么最后大多会出现相互“打脸”的结局。

7.4.13 企业思维老龄化

有的企业虽在不断试错与挫折中成长，但最终却患上了“帕金森病”，原因在于企业获得了一条宝贵的实用经验——不迈腿，便不会摔倒。创始人不但把这种企业文化“营销”给自己，还“营销”给企业中的每一个人。

企业思维老龄化最大的问题是：既要避免摔倒，又要有所动作，所以就会出现“原地抖地”的囧相。

7.4.14 创业要遵循一定的逻辑

创业者不要被自己的信心给“营销”了，谨记三个创业公式：

（1）创业 = 资源 × 商业模式 × 盈利闭环

（相乘的关系表示任何一项为零，创业的结果则为零）

（2）商业模式 = 时代 × 时效 × 政策

（商业模式的风险在于时代）

（3）盈利闭环 =（盈利 - 成本）× 红利期

（成本回收周期越长，盈利闭环越不可信）

7.4.15　品牌扩张如何做

品牌扩张的策略大致有三种：单一品牌策略、多品牌策略、复合品牌策略。

对于这三种情况，门店经理一定至少曾经是区域经理以上的级别，并有独立筹备门店的经验，否则创始人就会沦为一个到处“灭火”的“消防员”。

7.4.16　制定产品标准化手册

餐饮企业在制定产品标准化手册的时候要注意，制定产品手册的目的除了对门店进行管理及培训外，还要将其打造成向投资人及加盟商展示自己专业能力的工具，所以产品手册的实用性与美观性必须兼顾。